NUEVAS ESTRATEGIAS PARA LA ENSEÑANZA DE LA ORTOGRAFÍA
En el marco de la Programación Neurolingüística (PNL)

Colección: TEORÍA Y PRÁCTICA EDUCATIVAS.

Segunda edición: 2011

© Daniel Gabarró Berbegal y Conxita Puigarnau Gracia
© Ediciones Aljibe, S.L.
  Tlf. y fax: 952 71 43 95
  Pavia, 8 - 29300-ARCHIDONA (Málaga)

I.S.B.N.: 978-84-9700-661-3
Depósito Legal: MA-998-2011

Ilustraciones: María Solà
Cubierta: Equipo Ediciones Aljibe
Imagen de portada: © Jozsef Bagota

Imprime:
  Imagraf Impresores, S.A.
  Nabucco, 14-16. Polígono Alameda
  29006-Málaga

Ninguna parte de esta publicación, incluido el diseño de la cubierta, puede ser reproducida, almacenada o transmitida en manera alguna ni por ningún medio, ya sea eléctrico, químico, mecánico de grabación o de fotocopia, sin permiso previo del autor o del editor.

Daniel Gabarró Berbegal
Conxita Puigarnau Gracia

NUEVAS ESTRATEGIAS PARA LA ENSEÑANZA DE LA ORTOGRAFÍA
En el marco de la Programación Neurolingüística (PNL)

EDICIONES
ALJIBE

AGRADECIMIENTOS

Nuestro agradecimiento para todas las personas que nos han ayudado en la realización de este libro: Maite Masses, Maite Pro, Mireia de Izaguirre, José Luis García, Rafael Cámara, Elbio Campagnoli, Teresa Gol, Mariona Buscallà que leyeron este libro y nos aportaron críticas muy interesantes para mejorarlo y también a nuestros alumnos y alumnas que nos motivaron a buscar nuevos caminos para ayudarlos cada día más y mejor.

A todos los maestros y maestras que han pasado por nuestros cursos de formación permanente y han insistido tanto en disponer del material por escrito.

A los Centros de Profesorado, Centros de Recursos y Centros de Enseñanza que han confiado en nosotros ayudándonos a plantearnos el tema una y otra vez para poder asesorar a su profesorado.

Un agradecimiento especial a María Solà por sus ilustraciones que con tanto aprecio ha dibujado.

Y muy especialmente agradecer a Esteve Humet que nos introdujese en el fascinante mundo de la P.N.L. y nos abriese a un mundo desconocido y maravilloso.

ÍNDICE

PRÓLOGO 13

INTRODUCCIÓN 15

OBJETIVOS DE ESTE LIBRO 17

NUEVE IDEAS BÁSICAS 19

PRIMERA PARTE: REFLEXIONES EN TORNO A LA ORTOGRAFÍA 23

CAPÍTULO I: ¿DE QUÉ HABLAMOS CUANDO HABLAMOS DE ORTOGRAFÍA? 25

CAPÍTULO II: IMPORTANCIA DE LA ORTOGRAFÍA 27

CAPÍTULO III: LUGAR QUE OCUPA LA ORTOGRAFÍA EN EL LENGUAJE 29
  1. Objetivos a alcanzar 30
  2. Fases aproximadas 30
  3. Metodología 31

CAPÍTULO IV: DIVORCIO ENTRE LA TEORÍA Y LA PRÁCTICA EN EL AULA 33

CAPÍTULO V: LA PNL Y SUS APLICACIONES ESCOLARES ... 37
  1. El modelado, un enfoque pragmático 38
  2. Sistemas de percepción: los sentidos 38

3. Sistemas de representación o evocación: imágenes, sonidos, olores, gustos y sensaciones táctiles 39
4. Movimientos oculares: los ojos y los procesos mentales 41
5. Conclusiones 44

CAPÍTULO VI: LA SINGULAR APORTACIÓN DE LA PNL A LA ORTOGRAFÍA 45
1. Estrategia que utilizan las personas con buena ortografía 45
2. Formulación de la estrategia 48

SEGUNDA PARTE: ALTERNATIVAS APLICABLES AL AULA 51

CAPÍTULO VII: CÓMO ENSEÑAR LA ESTRATEGIA ORTOGRÁFICA COLECTIVAMENTE 53
1. Introducción 53
2. Aspectos previos 54
3. Conclusión 62

CAPÍTULO VIII: CÓMO ENSEÑAR LA ESTRATEGIA ORTOGRÁFICA DE FORMA INDIVIDUAL 63
1. Cuándo enseñarla 63
2. Cómo enseñar la estrategia individual básica 64
3. Cómo mejorar la estrategia individual con submodalidades 66

CAPÍTULO IX: PROPUESTA DE TRABAJO SISTEMÁTICO EN EL AULA 69
1. Vocabulario básico: su importancia 69
2. El vocabulario básico: cómo enseñarlo 70
3. Vocabulario personal 74
4. Vocabularios específicos: incorporaciones temáticas 76
5. Lectura y ortografía: una propuesta 76
6. Dominio de las reglas de mayor rendimiento 77
7. Gradación del trabajo ortográfico 78
8. Técnicas para ayudar a interiorizar la imagen de las palabras .. 79

CAPÍTULO X: EVALUACIÓN DEL TRABAJO ORTOGRÁFICO 87
1. Vocabulario: forma básica de evaluación 87
2. Vocabularios básicos: dos posibles formas de evaluación complementaria 89
3. Evaluación del vocabulario específico 90
4. Evaluación de la normativa 90

TERCERA PARTE: PROPUESTAS DE PROGRAMACIÓN 91

CAPÍTULO XI: PROPUESTA DE PROGRAMACIÓN PARA PRIMARIA 93
1. Introducción 93
2. Primero de Primaria (aproximadamente) 94
3. Segundo de Primaria (aproximadamente) 94
4. Tercero de Primaria (aproximadamente) 95
5. Cuarto de Primaria (aproximadamente) 97
6. Quinto de Primaria (aproximadamente) 99
7. Sexto de Primaria (aproximadamente) 101

CAPÍTULO XII: PROPUESTA DE ACTUACIÓN PARA ALUMNOS DE SECUNDARIA 105

CUARTA PARTE: ANEXOS 107

NORMATIVA ORTOGRÁFICA IMPRESCINDIBLE 109
1. Normativa de la acentuación 109
2. Siete normas amplias y seguras 112
3. Palabras de sonido semejante y distinta escritura: homófonos . 113

ANEXO 1 115

ANEXO 2 117

ANEXO 3 119

ANEXO 4 121

ANEXO 5 123

ANEXO 6 125

ANEXO 7 127

ANEXO 8 129

BIBLIOGRAFÍA BÁSICA RECOMENDADA 131

EN CONTACTO CON LOS AUTORES 133

PRÓLOGO

"Los seres humanos son siempre más complejos que las teorías que los describen."

Alain Cayrol y Josiane de Saint Paul

Los planteamientos estratégicos descritos en este libro vienen avalados por una larga y eficaz experiencia de los autores en el terreno escolar. Como enseñantes podemos compartir que las faltas de ortografía y el cómo mejorarlas sigue siendo una de las preocupaciones y, a la vez, frustraciones más importantes, no sólo en ámbitos educativos, sino también sociales.

Este libro, escrito por un maestro y una maestra, tiene en cuenta aspectos tanto teóricos como prácticos y por ello responde a la vieja demanda: ¿cómo poner en práctica la teoría?

Sucede así porque elaboran una nueva explicación teórica con las hasta ahora poco conocidas aportaciones de la PNL (Programación Neurolingüística) conectándolas con el campo ortográfico y porque sugieren otras posibilidades de indagación a los lectores.

El marco que ofrece la PNL a partir de los años 80 consigue resultados excepcionales en el campo de la educación, la comunicación y el cambio. Un reducido número de elementos de base bastan para que el enfoque sea aplicable a múltiples situaciones: enseña el arte de la simplicidad eficaz.

Según la PNL el modelo del mundo de una persona se compone principalmente de sus percepciones y de sus representaciones mentales. Ayudar a reorganizar estos procesos y representaciones a través de los canales adecuados desemboca en una escritura ortográfica correcta. El planteamiento que nos ofrecen los autores supone por un lado un intento de no considerar las faltas ortográficas como un déficit insuperable, ni reducir el lenguaje a un conjunto de reglas, y por otro lado, permite dotar al alumnado de una buena capacidad ortográfica contextualizada en el uso comunicativo del lenguaje.

El intento de llevar al ámbito escolar y académico esta "simplicidad eficaz" hacen de este manual una herramienta que facilita que los chicos y las chicas mejoren los errores y les sea posible resolver las tareas escolares con menos dificultades y mucho más agradablemente.

Sugiero a los lectores y lectoras que exploren estrategias grupales e individualizadas, que inviten a sus estudiantes a que compartan sus técnicas y sus avances, que ayuden a cada alumno y alumna a realizar el proceso mental correcto para poder escribir y... ¡disfruten con ello!

Maite Mases Giné.
Maestra de Primaria.

Septiembre 96.

INTRODUCCIÓN

La escritura correcta desde un punto de vista ortográfico, como bien sabemos los maestros, es una habilidad que se considera indispensable a lo largo de la escolaridad y en múltiples aspectos de la vida relacional y laboral, tales como la elaboración de dossieres, currículums, cartas comerciales, memorándums, etc.

En consecuencia, son muchas las horas lectivas que se dedican a la enseñanza ortográfica con la finalidad de que los alumnos adquieran las destrezas necesarias para conseguir una escritura ajustada a la normativa.

Entre los medios empleados para conseguir tal finalidad, destacan los cuadernos con ejercicios ortográficos y el estudio de las normas. Pero la práctica en el aula nos demuestra que ni siquiera el conocimiento de la normativa ortográfica y los muchos ejercicios de los cuadernos son garantía de corrección. En efecto, alumnos que escriben con muchos errores ortográficos pueden conocer una buena cantidad de normas. Pero también puede suceder lo contrario: personas con una correcta escritura ortográfica que apenas recuerdan ninguna norma.

En realidad, según documentan Mª Jesús Esteve y Jaime M. Jiménez (1988): "*si se eliminan las reglas de carácter muy general, una palabra elegida al azar tiene trece posibilidades frente a catorce de que no esté incluida en ninguna regla ortográfica*"...

"*Sobre un vocabulario cacográfico escolar de 674 palabras, sólo 48 estaban incluidas en alguna regla ortográfica*". Estos datos aclaran por qué el conocimiento de la normativa es claramente insuficiente.

Por otra parte, se sabe que hay una estrecha relación entre memoria visual y dominio ortográfico. Jesús Mesanza (1987) cita las siguientes cifras refiriéndose al aprendizaje de la ortografía:

83 % se aprende mediante la vista.
11 % se aprende mediante el oído.
6 % se adquiere a través de los otros sentidos.

Curiosamente, conocer los datos anteriores y constatar un elevado fracaso en esta área, no había llevado a modificaciones relevantes en la enseñanza de la ortografía. Desconocíamos cómo utilizar el predominio de la memoria visual en beneficio de un aprendizaje más eficaz con ejercicios que fuera posible practicar con clases numerosas, como son las habituales.

Con este libro nos proponemos llenar esta laguna y ofrecer al profesorado herramientas y recursos de trabajo que ayuden a mejorar su práctica cotidiana en el área de lengua.

OBJETIVOS DE ESTE LIBRO

Deseamos dar a conocer una serie de técnicas de trabajo -muy vinculadas a lo que ha venido en llamarse "técnicas de gestión cognitiva"- para que el rendimiento escolar en el área ortográfica mejore de forma sustancial sin que suponga un esfuerzo adicional al que ya realizamos habitualmente.

Si el conocimiento de dichas técnicas presupone para el profesor abrir nuevas perspectivas, cuestionarse antiguas creencias, establecer interrelaciones con otras áreas y conocer nuevas técnicas y actividades... en una palabra: mejorar la calidad de la enseñanza, este libro habrá cubierto con creces sus objetivos.

Ojalá que las aportaciones que se encuentran en estas páginas sirvan también como base de discusión y de avance en Centros de Primaria y Secundaria para establecer una línea de trabajo ortográfica coherente a lo largo de toda la escolaridad. No cabe duda de que una línea coherente en el trabajo ortográfico simplifica el esfuerzo del profesorado y multiplica los resultados de los alumnos.

En este libro detallaremos el proceso mental que realizan las personas con buena ortografía para que una vez explicitado pueda ser transmitido a los alumnos que tienen dificultades ortográficas, de forma que puedan superarlas.

En este sentido, nuestra pretensión es ofrecer un instrumento de trabajo eminentemente práctico sin escatimar las bases teóricas mínimas necesarias para una buena comprensión de las propuestas que ofrecemos.

El objetivo básico que perseguimos es ofrecer una base teórica mínima acompañada de herramientas prácticas que el profesor pueda aplicar en su trabajo en el aula, incluso con grupos numerosos.

NUEVE IDEAS BÁSICAS

A continuación exponemos unas ideas que, para nosotros, son de gran importancia ya que resumen buena parte de los principios educativos en que nos basamos. Todas ellas las relacionamos con la ortografía, aunque su ámbito es mucho más amplio y tienen un origen en los estudios de Cleveland (1987), Lloyd (1982), Grinder y Bandler (1980) todos ellos íntimamente relacionados con la PNL y sus aplicaciones al mundo de la educación.

Son las siguientes:

1) La meta de toda acción educativa es la consecución de los objetivos para los que fue diseñada.

Los resultados obtenidos después de una acción educativa, no sólo evalúan el aprendizaje de los alumnos sino también la bondad de los métodos aplicados. Si estamos descontentos con los resultados ortográficos que hemos obtenido hasta ahora, debemos intentar algo diferente.

¿Quién no se ha encontrado con un alumnos que, después de repetir 10 veces "barco", la escribe al día siguiente con "v" bajo nuestra mirada atónita?

Enseñar implica necesariamente una reflexión que pone en relación lo que se pretendía enseñar y lo que realmente se aprendió. Los esfuerzos aplicados en aprender ortografía deben mejorarla, en caso contrario hay que rediseñar las actividades para que cumplan los objetivos propuestos.

2) Si continuamos aplicando los métodos que siempre hemos usado, obtendremos los resultados que siempre hemos obtenido.

La incorporación de nuevos enfoques o recursos, o la recuperación de actividades que desde siempre han dado resultados positivos permite mejorar la práctica educativa diaria.

3) En cualquier situación escolar, el alumno con mayor número de alternativas, será el que obtendrá mejores resultados.

Las dificultades de aprendizaje frecuentemente reflejan dificultades de enseñanza. Cuanto más flexibles seamos como docentes y más alternativas ofrezcamos a nuestro alumnado, menos problemas de aprendizaje surgirán. Hemos de recordar que unos métodos buenos para unos pueden ser inútiles para otros.

Debemos ofrecer técnicas diversas que se adapten a la diversidad de nuestros alumnos para abordar el problema de la ortografía.

4) La respuesta de un estudiante es la mejor opción que tal estudiante posee en ese momento y lugar.

Una persona realiza la mejor elección entre aquellas que le parecen posibles. Las faltas de ortografía no se hacen por "desidia" o por "maldad". Tan fácil es escribir "vida" como "bida".

5) El nivel inconsciente de actuación es el más importante.

Podemos estar seguros de que un alumno domina una habilidad si la realiza inconscientemente. Cuando una persona escribe correctamente sin prestar atención consciente a la ortografía, quiere decir que la ha integrado. De la misma manera que un nadador no piensa en los movimientos que hace para deslizarse en el agua, una persona con buena ortografía, tampoco es consciente de los procesos mentales que lleva a cabo, simplemente los realiza.

6) Las personas son más complejas que las teorías que intentan describirlas.

Cualquier teoría, incluso las que se defienden en este libro y en la misma Reforma Educativa, son simples aproximaciones a la realidad y no la realidad misma. Su eficacia radica en los resultados que ofrece y no en su estructura teórica.

Por ello, invitamos a todos los lectores a llevar a la práctica las sugerencias que encontrarán aquí y a juzgar por los resultados que se obtengan.

7) Es importante explicitar las estrategias que queremos transmitir a nuestros alumnos, así como los objetivos que persiguen tales estrategias.

Cuando nuestros alumnos conozcan los objetivos ortográficos que deseamos obtener de ellos y la manera de alcanzarlos, sumarán sus esfuerzos a los nuestros y el trabajo resultará más fácil y agradable para todos.

8) Nuestras acciones educativas deben tener en cuenta la globalidad de la persona: ir dirigidas tanto al hemisferio derecho del cerebro como al izquierdo.

Las actividades escolares deben implicar contenidos analíticos (relacionados con el hemisferio izquierdo) y contenidos globales y creativos (relacionados con el hemisferio derecho).

Captar la globalidad de las palabras y reproducirlas correctamente de forma automática, tiene más relación con el hemisferio derecho (el gran olvidado) que con el izquierdo (donde se sitúan las normas ortográficas). Betty Edwards (1989) en su interesante libro "Aprender a dibujar con el lado derecho del cerebro" cita a David Galin quien "ha señalado que los profesores tienen tres principales obligaciones:

La primera, entrenar los dos hemisferios (y no solamente el hemisferio verbal, simbólico y lógico, que es el que siempre se ha desarrollado en la educación tradicional; también ha de entrenarse el hemisferio derecho, espacial, relacional y holista, que se descuida mucho en las escuelas actuales).

La segunda es entrenar a los alumnos para usar el estilo cognitivo adecuado a la tarea que se tiene entre manos.

Y la tercera, entrenar a los alumnos para ser capaces de aportar los dos estilos (los dos hemisferios) para tratar un problema de manera integrada".

9) Nuestra acción educativa no sólo debe ser eficaz, también debe ser motivo de satisfacción personal como enseñantes.

Los alumnos de profesores satisfechos con su profesión aprenden con mucha mayor facilidad. En consecuencia, es un objetivo importante de todo docente el buscar placer en su trabajo en beneficio suyo y de sus alumnos.

Esperamos que este libro les aporte, además de buenos resultados, satisfacción personal y profesional.

PRIMERA PARTE
REFLEXIONES EN TORNO A LA ORTOGRAFÍA

CAPÍTULO I
¿DE QUÉ HABLAMOS CUANDO HABLAMOS DE ORTOGRAFÍA?

Los docentes, solemos utilizar la palabra "ortografía" para referirnos a la capacidad de escribir de un alumno, ya sea correcta o incorrectamente. Así, corrientemente decimos: "tiene una buena o una mala ortografía". También algunos lo utilizamos para referirnos al conjunto de reglas que pensamos deben ser enseñadas y aprendidas.

> **En este libro vamos a utilizar el término "Ortografía" como sinónimo de "escritura correcta de palabras". Así pues, lo importante es que se escriba, por ejemplo, "servir" con uve, al margen de que se conozca o se ignore la norma o excepción que incluye dicha palabra.**

No entraremos en los aspectos de puntuación ya que ésta necesita otros caminos para ser asimilada que los propuestos aquí. Tampoco abordaremos aspectos gramaticales porque estamos de acuerdo con los teóricos que indican que es preferible trabajarlos a partir de los 11-12 años cuando la capacidad de abstracción se ha desarrollado suficientemente...

CAPÍTULO II
IMPORTANCIA DE LA ORTOGRAFÍA

La Lengua, considerada en toda su amplitud es fundamental en la educación de nuestros alumnos. No sólo es una asignatura en sí, sino que también es el vehículo para las otras materias y la base de gran parte de la estructuración del pensamiento y la comunicación humana.

Cuando enseñamos Lengua, enseñamos algo más que una serie de contenidos de carácter lingüístico, dotamos al alumno de las herramientas necesarias para estructurar su pensamiento y abordar con éxito el conocimiento del mundo.

La expresión escrita es tan sólo una parte de la lengua y dentro de esa parte, la ortografía ocupa un espacio relativamente pequeño, tal como se muestra en el esquema. Sin embargo, no dominarla implica costes sociales y escolares muy elevados en nuestro país, como por ejemplo la imposibilidad de acceder a estudios superiores y a numerosos puestos de trabajo. De ahí se deriva su inmensa importancia desde un punto de vista social, académico y laboral.

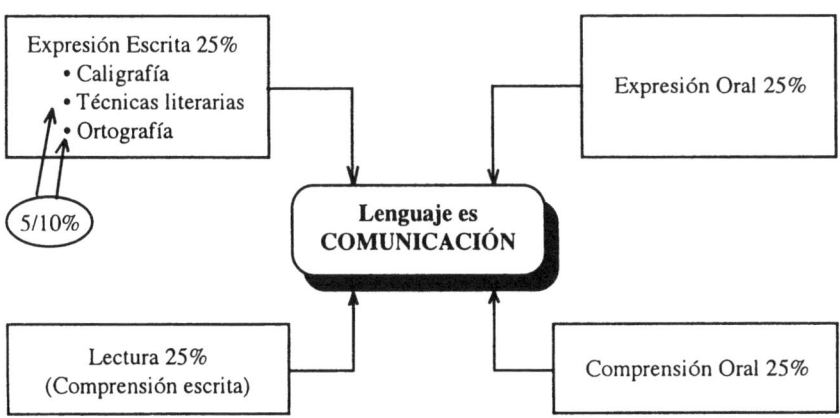

CAPÍTULO III
LUGAR QUE OCUPA LA ORTOGRAFÍA EN EL LENGUAJE

La gran mayoría de teóricos actuales coinciden en situar el trabajo comunicativo en el centro del área de Lenguaje. Ello quiere decir que como enseñantes deberíamos crear en las aulas situaciones en las cuales la comunicación sea imprescindible y se convierta en el eje vertebrador de todas las actividades. Los ejercicios cuyo objetivo sea simplemente "ejercitarse" tienen poca cabida en esta concepción, aunque esto no quiera decir que deban desterrarse absolutamente, sin duda, algunos de ellos pueden ser de gran utilidad.

Lo dicho anteriormente implica situar la ortografía en su punto justo: un aspecto formal imprescindible aunque no suficiente por sí mismo a efectos de comunicación. Un texto debe necesariamente contar con una buena ortografía, pero ello no quiere decir que literariamente sea bueno o gramaticalmente correcto. De la misma manera que una fotografía técnicamente excelente puede resultar comunicativamente pobre, también resulta inaceptable un escrito de calidad literaria notable pero plagado de faltas ortográficas.

No obstante, las consideraciones teóricas y la vida real tienen en este caso poco en común. Difícilmente encontraremos un aspecto más valorado socialmente que el de la correcta escritura ortográfica: ¿Quién toma en consideración un currículum plagado de faltas? ¿Qué facultad universitaria admite estudiantes sin una buena capacidad ortográfica?, etc. Por ello, a pesar del lugar relativamente reducido que debería ocupar la ortografía en el currículum escolar, ésta tiende a fagocitar otros aspectos menos valorados o más difícilmente mensurables, como por ejemplo la riqueza expresiva, la amplitud del vocabulario, el estilo literario... Esta contradicción que hemos señalado y la dificultad de encontrarle una solución crea una gran angustia en profesores y alumnos, que viven el tema de la ortografía como el tema "estrella" del área.

Si estamos de acuerdo en que es imprescindible tener una correcta ortografía deberemos también coincidir en que para conseguirla hay que tener muy claros los objetivos a alcanzar y en la medida de lo posible, estos objetivos deben estar explícitamente compartidos con nuestros alumnos.

1. OBJETIVOS A ALCANZAR

Muchos teóricos como Jesús Mesanza López (1987), Vicente Barberá (1988), M. Lorenzo Delgado (1980), Joan Perera i Parramon (1989)... señalan como objetivos fundamentales de la enseñanza de la ortografía los siguientes:
- Ayudar a los alumnos a escribir las palabras de acuerdo con las normas sociales establecidas.
- Proporcionarles unos métodos y técnicas para incorporar las palabras nuevas que van surgiendo a lo largo de la escolaridad y en definitiva, de la vida.
- Desarrollar en ellos una conciencia ortográfica y una auto-exigencia en sus escritos.
- Desarrollar su memoria, esencialmente la memoria visual.
- Agudizar la memoria auditiva y la cinestésica.
- Incrementar la capacidad de generalización entendida como aptitud para aplicar a palabras nuevas los conocimientos de la estructura de palabras aprendidas con anterioridad.

En definitiva, todos estos objetivos pueden resumirse en uno muy sencillo: *conseguir que nuestros alumnos escriban correctamente todas las palabras que utilicen, y tengan vehículos de incorporación para las palabras que irán conociendo en el futuro.*

Ya sabemos que lo que acabamos de afirmar no se consigue por arte de magia. Necesita todo un proceso y unas fases a superar que enumeramos a continuación.

2. FASES APROXIMADAS

Hasta los **8 años**, más o menos, el niño tiene por guía la fonética de las palabras. A menudo, para escribir, las descompone en sonidos que transcribe y posteriormente lee para sí para comprobar que ha escrito como le "sonaba". Aunque corrientemente se conoce esta fase como "ortografía natural", debería llamársele con más propiedad "escritura fonética".

Desde los **8 hasta los 12 aproximadamente**, nos encontramos en una etapa de pensamiento que se traduce en una capacidad para almacenar el vocabulario que más corrientemente utiliza, pero sería un error intentar transmitir conocimientos abstractos, como son las normas o numerosos aspectos gramaticales, a excepción de los más generales y seguros.

A partir de los 12 años aproximadamente se entra en una nueva fase en la cual, además de continuar ampliando el conocimiento de vocabulario básico, deben empezar a introducirse aspectos gramaticales que tengan una relación directa con la ortografía. Este será el momento para diferenciar entre, por ejemplo, "dé" (categoría gramatical verbo) y de (categoría gramatical preposición), etc.

Estas tres fases, aunque diferentes entre sí, necesitan de una metodología uniforme que permita obtener en cada fase el máximo partido posible.

3. METODOLOGÍA

En relación a las metodologías, debería optarse por aquellas que fuesen sistemáticas y que tendiesen a trabajar la ortografía sin aislarla del contexto comunicativo.

Además de abordar contenidos concretos como **vocabulario ortográfico** y **normativa útil,** debería ofrecerse a los alumnos **estrategias de estudio** y trabajo para superar de forma autónoma dichos contenidos. Por "normativa útil" entendemos el conjunto de normas que abarcan un buen número de palabras y carecen prácticamente de excepciones.

Es decir, debería potenciarse un tipo de trabajo que partiese de:
- La enseñanza de **estrategias** adecuadas que aseguren tanto los contenidos ortográficos que se estudien durante el curso como los que se vayan a incorporar en un futuro.
- El **vocabulario básico** adecuado a la edad estudiado escalonadamente de tal forma que al final de la Primaria se conozca un volumen razonable de palabras cacográficas, es decir, aquellas palabras que suelen escribirse ortográficamente de forma incorrecta.

- Los **textos** que escriben, ya que a través de ellos cada alumno puede llegar a un dominio de su propio vocabulario habitual y a demostrar su nivel ortográfico, siendo, además, altamente motivante.
- Las **lecturas** de los alumnos, que al mismo tiempo que les sirven como modelos literarios y para la ampliación de su léxico, pueden ser una fuente valiosa para la incorporación de vocabulario básico ortográfico.

CAPÍTULO IV
DIVORCIO ENTRE LA TEORÍA Y LA PRÁCTICA EN EL AULA

Lo que hemos explicado anteriormente suena muy bien sobre el papel, pero la cuestión es: ¿cómo poner en práctica la teoría? La mayoría de profesores estamos muy cansados de hermosas teorías que son inaplicables debido a que exigen unas condiciones que en el aula no podemos ni soñar. Intentaremos explicar lo más claramente posible las estrategias que ya han demostrado su viabilidad porque han sido experimentadas tanto por nosotros como por otros muchos profesores, y ni unos ni otros somos, ni de lejos, "supermanes".

En los capítulos 9, 10 y 11 damos respuesta a la pregunta "¿Cómo poner en práctica la teoría?" y ofrecemos todos los recursos de que nos hemos servido y que esperamos que también sean de utilidad para todas las personas que los apliquen en sus aulas.

Pero antes nos gustaría reflexionar sobre la importancia de abordar estrategias mentales necesarias para que el trabajo ortográfico tenga éxito. Intentemos responder a la siguiente cuestión:

¿Cómo estamos seguros que "sabemos" una palabra tan sencilla como "hoy"?

Muchas personas creen que conocen la escritura de una palabra remitiéndose a normas ortográficas, pero como ya hemos dicho en la introducción, una palabra escogida al azar tiene trece posibilidades frente a catorce de no estar incluida en ninguna norma. Pero aún en el caso de que la escritura de una palabra pueda explicarse a través de una norma, casi nunca acudimos a ella antes de escribirla. Acudimos a la normativa solamente en caso de duda.

Pero, ¿por qué "hoy" se escribe así? Es más, ¿hay alguna norma que explique por qué "h" y por qué "y"? Y si las hemos encontrado, ¿hemos recurrido a ellas antes de escribir o simplemente "sabíamos" la palabra?

La mayoría de los enseñantes nos sorprendemos cuando reflexionamos sobre este tema. Simplemente "sabemos" la palabra, pero no somos conscientes de cuál es el proceso que nos lleva a "saberla". **Si nosotros no somos conscientes del proceso que realizamos... ¿cómo podremos enseñar algo que nos es desconocido a nuestros alumnos?**

Generalmente, en la práctica, prescindimos del proceso ya que lo ignoramos y nos dedicamos a una serie de actividades de las que presuponemos su utilidad y bondad, aunque a menudo la realidad nos lo desmienta. Como por ejemplo:

- Dictado.
- Dictado preparado.
- Escribir tres frases con las palabras...
- Copiar diez veces las palabras....
- Sopa de letras.
- Crucigramas.
- Mensajes cifrados.
- Memorización de normas ortográficas.
- Aplicación de una norma a una colección de palabras.
- Máquinas de fabricar palabras a partir de sílabas dadas.
- Subrayar la letra difícil.
- Buscar tres palabras de la misma familia.
- Ficheros de clase.
- Diccionario.
- Dictado por parejas desde rincones de la clase.
- Escribir frases con unas palabras prefijadas.
- etc., etc.

La experiencia nos demuestra que estas actividades son útiles para unos alumnos pero para otros no. Y esto nos lleva a hacernos más preguntas:

Si damos por supuestas unas condiciones intelectuales, culturales, sociales y personales muy similares entre los componentes de un grupo, ¿Por qué algunos alumnos escriben bien y otros no? ¿Por qué algunos aprenden gracias a las actividades mencionadas y otros no?

Desde nuestro punto de vista se debe a que, sencillamente, el proceso intelectual o estrategia mental utilizada por unos y otros es distinta por lo que recogen resultados distintos en consonancia con la estrategia mental utilizada.

De la misma manera que una batidora, una licuadora y una aspiradora reciben electricidad y la transforman a través de un motor para licuar, aspirar o batir, también las personas que reciben informaciones y las transforman a través de procesos mentales diferentes que producen resultados distintos. Deberíamos enseñarles el proceso, pero... ¿Cómo hacerlo?

En conclusión, el divorcio que se produce en las aulas entre teoría y práctica viene originado porque desde el ámbito teórico no se han abordado suficientemente las estrategias mentales que deben enseñarse, dando por supuesto que el alumno realizará por sí mismo los pasos mentales necesarios para el pleno dominio ortográfico al ofrecérsele ejercicios concretos (dictado, fichas...), cuando frecuentemente no es así.

En el capítulo 9 exponemos cómo trabajar y transmitir una estrategia ortográfica de manera grupal y en el capítulo 11, cómo hacerlo de forma individual. En ambos casos **tenemos por objetivo conseguir que nuestros alumnos realicen el proceso mental correcto para escribir adecuadamente las palabras.**

CAPÍTULO V
LA PNL Y SUS APLICACIONES ESCOLARES

Las siglas PNL significan Programación Neuro-Lingüística. La PNL es un nuevo enfoque de la comunicación y del cambio que tiene como uno de sus objetivos el describir los procesos mentales de forma suficientemente clara como para que puedan ser enseñados.

Los fundadores de estos nuevos paradigmas son el lingüista John Grinder y el matemático Richard Bandler, ambos doctores en Psicología, que a mediados de los setenta iniciaron la difusión del resultado de sus investigaciones y experiencias.

El nombre Neuro Linguistic Programing (Programación Neuro-Lingüística) tiene un triple origen:

Neuro: porque toda actividad intelectual tiene una fundamento neuronal que constituye su base, algo parecido al hardware de un ordenador y que implica su capacidad potencial.

Linguistic: ya que la lengua es un importante estructurador de nuestro pensamiento y un reflejo del mismo.

Programing: referido a los programas o Software con que usamos nuestra capacidad cerebro-neuronal y a su posibilidad de ampliación y de cambio.

En definitiva, este nombre une tanto la base fisiológica del ser humano, como su capacidad de expresión y la posibilidad que tiene de cambiarla y mejorarla.

La PNL ofrece posibilidades de rellenar las lagunas que los teóricos de la educación han dejado en el estudio de los Procesos Cognitivos o Estrategias Mentales que siguen nuestros alumnos para alcanzar los resultados esperados.

Aunque la PNL ha abordado desde su nacimiento muchas ramas del conocimiento, ofreciendo numerosas aplicaciones prácticas, en este libro sólo se van a ofrecer aquellas que sean pertinentes a la enseñanza de la ortografía. Así obviaremos las aplicaciones que hagan referencia a otras materias escolares, como también aquellas que nada tienen que ver con el mundo académico, como pueden ser la comunicación, los negocios, la salud, etc.

1. EL MODELADO, UN ENFOQUE PRAGMÁTICO

Una de las finalidades de la PNL es el modelado de aquellas personas que realizan una actividad o proceso con éxito para poder desglosar cada uno de los pasos que realizan de tal manera que su comprensión e imitación sean posibles. Cuando una determinada habilidad puede ser enseñada decimos que ha sido modelada.

Nuestra intención no es solamente ofrecer una teoría, sino también ofrecer modelos. El papel de una teoría es intentar explicar algo, el de un modelo es reproducir a voluntad aquello que quiere enseñarse.

En este caso se trata de definir el modelo de actuación o estrategia mental que siguen las personas con buena ortografía y dominarlo hasta poder enseñarlo a cualquier persona que lo desee. Las explicaciones teóricas que acompañan a las prácticas que se ofrecen en este libro, no constituyen el núcleo del mismo, sino un marco explicativo donde centrar la práctica concreta del aula en el ámbito ortográfico. Lo fundamental, en este caso, no será la teoría sino la aplicación práctica de la misma.

2. SISTEMAS DE PERCEPCIÓN: LOS SENTIDOS

La primera aportación que debemos tener en cuenta de la PNL se refiere a la información y al modo como se percibe y se representa interiormente: nuestro cerebro recibe toda la información a través de los sentidos.

Sólo podemos procesar aquello que hemos percibido y la puerta de toda percepción son los órganos sensoriales. Vista, oído y tacto (cinestesia) son los tres sentidos de percepción y de representación internas más utilizados. Vemos, oímos y tocamos constantemente aunque sea de forma inconsciente. Puede que en este momento no seamos conscientes del tacto de nuestra ropa, aunque lo podemos percibir si prestamos atención. Del mismo modo si no hemos estado escuchando atentamente no podremos describir todos los ruidos que se han producido en el último minuto, aunque, evidentemente, los hemos oído; algo parecido ocurre con nuestro campo visual: es mucho más amplio lo que vemos que lo que miramos.

La atención es un proceso activo que nos permite seleccionar la información que nos interesa de entre las múltiples informaciones que nos ofrece la realidad. Es prácticamente imposible ser conscientes al mismo tiempo de nuestras percepciones visuales, cinestésicas, auditivas, gustativas y olfativas.

Los alumnos que seleccionan un canal de entrada de información inadecuado tendrán problemas. Por ejemplo: si se selecciona el canal visual para aprender una canción, nunca se acertarán las notas. De la misma manera, intentar obtener la información de un mapa de forma auditiva dificulta completar un mapa mudo con la misma exactitud que si hubiésemos focalizado la información a través del canal visual. Igualmente, el alumno que visualiza los ejercicios gimnásticos a realizar sin conectar con las sensaciones físicas de su propio cuerpo para realizarlos (cinestesia), carece del feedback necesario para mejorar hasta dominar el ejercicio satisfactoriamente.

En definitiva, una de las cosas relevantes que marca la diferencia entre el éxito, la mediocridad y el fracaso académico, es la capacidad de escoger el canal de información adecuado a cada actividad. Por tanto, una de las mejores ayudas que puede brindar un maestro, es enseñar a sus alumnos a saber escoger el canal adecuado en cada momento y en cada materia.

3. SISTEMAS DE REPRESENTACIÓN O EVOCACIÓN: IMÁGENES, SONIDOS, OLORES, GUSTOS Y SENSACIONES TÁCTILES

La información percibida a través de los sentidos debe procesarse para convertirse en conocimiento. A las diferentes formas en que esto puede hacerse las llamamos sistemas de representación o evocación. Cuando hablamos de evocar nos referimos a la capacidad intelectual de reproducir aquellas informaciones que hemos percibido previamente a través de los sentidos.

No todas las evocaciones son iguales ni todas reaparecen en nuestra mente por los mismos caminos. Por esta razón vamos a detallar brevemente los principales canales de evocación de los seres humanos según la clásica taxonomía de J. Grinder y R. Brandler (1980) y Antonine de la Garanderie (1982).

1) Si pedimos a una persona que nos describa la imagen del Pato Donald o la Giralda de Sevilla o de Los Girasoles de Van Gogh, el proceso que utilizará para obtener la información que se le solicita, se basará en recuperar imágenes que ha visto anteriormente. A esto lo denominamos **evocación visual recordada.**

2) En cambio si le preguntasen: ¿Cómo quedaría su habitación pintada de negro? o ¿Cómo sería el monstruo capaz de aterrorizar a Frankenstein? o ¿Cómo sería un coche de cinco ruedas? el proceso mental para obtener las respuestas también implicaría imágenes, aunque no imágenes que se hayan visto anteriormente sino que deben ser construidas. Ahora hemos hablado de **evocación visual construida.**

3) Acostumbramos a realizar **evocaciones auditivas recordadas** cuando intentamos rescatar la información que da repuesta a solicitudes como: tararea tu canción preferida, imita la señal que hace el teléfono cuando comunica o encuentras un fax conectado o intenta reproducir la escala musical interpretada por un violín.

4) Una **evocación auditiva construida** será el resultado de combinar sonidos conocidos para obtener un resultado diferente: ¿Cómo sonaría la música de los Beatles bajo el agua? ¿Cuál sería el sonido producido al pasar las hojas de un libro con páginas de cristal? Imagínese un aria cantada por una soprano afónica.

5) A veces hay que recurrir a las sensaciones **cinestésicas o corporales** para poder hallar las informaciones que se desean. Unos ejemplos de preguntas que requieren evocaciones cinestésicas para ser contestadas son: ¿Qué sentirías si pisaras un erizo? ¿Qué sensación tendrías al ponerte calcetines mojados? ¿Cuál es la textura de la seda? ¿Cómo te sientes cuando has comido demasiado? ¿Cuál es la presión que haces al escribir? A los procesos mentales para hallar las respuestas adecuadas les podemos llamar evocaciones cinestésicas y también podríamos diferenciarlas entre recordadas y creadas.

6) Otro tipo de evocaciones serían las **olfativas y gustativas** tanto recordadas como creadas. No nos extendemos en este punto puesto que su importancia en el ámbito de la ortografía es prácticamente nula.

Como antes hemos indicado, cada persona selecciona de entre todas las informaciones aquellas que le parecen relevantes y prioriza alguno o algunos de sus canales de percepción. Este canal tiene una gran influencia en el objeto evocado mentalmente y la calidad de la evocación, es decir, lo qué se evoca y cómo se evoca.

Imaginemos que María está en clase de Matemáticas. Focaliza toda su atención e interés en la explicación del profesor. Éste está explicando en la pizarra a través de gráficos y dibujos un tema geométrico complejo que se clarifica mediante las ilustraciones. Sin embargo, María, a pesar de estar totalmente atenta a las explicaciones orales del profesor, no da importancia a las imágenes visuales o gráficas de la pizarra porque supone que lo fundamental es aquello que dice el profesor y no lo que dibuja.

Cuando intente hacer los deberes de matemáticas evocando lo explicado en clase, observará que la calidad de su evocación o recuerdo es muy pobre. Aunque lo oyó y vio todo y se esforzó en estar "atenta", su verdadera atención estaba centrada en el canal auditivo perdiéndose la información del canal más relevante en aquel momento: el canal visual.

En resumen, en cuanto a las evocaciones internas (memoria) son dos los aspectos que debemos considerar:
- lo que nos representamos, y
- cómo nos lo representamos (en directa relación con el canal a través del cual se percibió).

Por lo tanto una función primordial del educador, también en la enseñanza ortográfica, es ayudar al alumno en dos aspectos: focalizar la atención en la información relevante y procesarla a través del canal o canales adecuados.

4. MOVIMIENTOS OCULARES: LOS OJOS Y LOS PROCESOS MENTALES

Otra aportación fundamental de la PNL es haber descubierto que la forma en que procesamos la información se refleja fisiológicamente.

Esto quiere decir que mientras se realiza el proceso de recuperar la información almacenada un observador atento es capaz de descubrir el canal de evocación de dicha información, o sea que puede deducir si el proceso mental ha implicado imágenes, sonidos o sensaciones e incluso si éstas han sido creadas o recordadas.

Brandler y Grinder (1980), creadores de la PNL, observaron que las personas mueven los ojos en direcciones sistemáticas según el pensamiento que utilizan. Estos movimientos oculares los denominan "claves de acceso" puesto que son como llaves que ponen al descubierto el tipo de pensamiento que en un momento determinado está realizando una persona.

En líneas generales puede decirse que la recuperación de imágenes implica un movimiento ocular hacia arriba, mientras que las evocaciones auditivas se realizan en la posición media de los ojos, y se dirigen los ojos hacia abajo cuando se conecta con sensaciones o sentimientos o se mantiene un diálogo interior.

De forma abreviada, podríamos ejemplificar los movimientos oculares y su significado de la siguiente manera:

La evocación visual recordada (Vr) consiste en ver mentalmente imágenes percibidas anteriormente en el mundo real sin modificarlas. Preguntas como: "¿De qué color son los ojos de tu madre?" "¿Cuántos botones tiene tu abrigo?", obligan a realizar este tipo de evocación. Generalmente se realiza un movimiento ocular hacia arriba a la derecha, o hacia arriba a la izquierda.

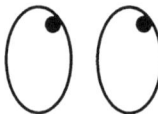

La evocación visual construida (Vc) consiste en ver mentalmente imágenes nunca vistas previamente.

Preguntas como: "¿Cómo quedarías con un disfraz de princesa hindú?" "¿Cómo sería tu casa ideal?" "¿Cómo quedaría tu abuelo vestido de escocés?", conducen al movimiento ocular indicado en el dibujo.

¡Atención! Todos dirigimos los ojos hacia arriba cuando evocamos o creamos imágenes visuales. Si los dirigimos hacia la derecha para recordar, los dirigiremos a la izquierda para imaginar, y viceversa.

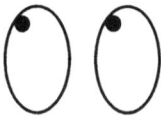

La evocación auditiva recordada (Ar) implica recordar sonidos escuchados anteriormente. Este tipo de proceso se hace evidente con preguntas como: "¿Cómo suena tu despertador?" "Reproduce los primeros compases de *Asturias patria querida*". La evocación auditiva implica un movimiento lateral de las pupilas en la zona media de los ojos.

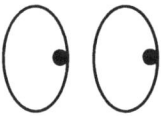

Llamamos evocación auditiva construida (Ac) a la capacidad de inventar o modificar sonidos. Este tipo de evocación es inducido por preguntas como: "Si se rompieran todos los cristales de esta habitación, ¿qué ruido harían?" "¿Cómo sonaría tu voz a 45 revoluciones?".

Generalmente, cuando estamos ocupados en una actividad auditiva, los ojos quedan en una posición media y se mueven hacia la derecha o izquierda. Si la persona crea imágenes visuales a la izquierda, normalmente también creará auditivamente a la izquierda y viceversa.

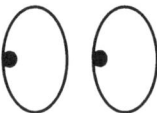

El diálogo interno (Di) tiene lugar cuando la persona habla consigo misma. Generalmente la posición ocular típica mientras se realiza esta actividad, es con los ojos hacia abajo y dirigidos al lado izquierdo. También podría ser hacia el derecho sin que esto tenga ningún sentido especial.

Podemos inducir este movimiento preguntando a una persona por ejemplo: "¿Cómo es el tono de voz que usas para hablar contigo mismo?" "Recuerda lo que te dices a ti mismo cuando las cosas te van bien", etc.

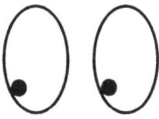

Cuando una persona conecta con sus sensaciones o sentimientos, (K) acostumbra a mirar hacia abajo y a la derecha. Podemos constatar este tipo de movimiento ocular formulando preguntas parecidas a: "¿Que sensación te produciría bañarte en agua helada?" "Imagina que estás tocando la corteza de un pino y los dedos se te pringan con resina".

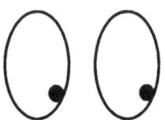

Aún cuando muchos expertos como A. Robbins (1986), Connirae Andreas y Steve Andreas (1989) dan como universalmente válido que el 95 % de la población recuerda imágenes dirigiendo los ojos hacia arriba y a la izquierda nosotros hemos constatado que, en nuestro país, dicho porcentaje no se cumple y más bien se distribuye equitativamente.

En resumen, es posible conocer el proceso mental que usan nuestros alumnos y en general cualquier persona, a través de los movimientos oculares que se realizan inconscientemente cuando se piensa. Conocer estos movimientos llamados accesos visuales, nos permitirá descubrir si un alumno está utilizando su memoria visual para recordar la escritura de una palabra o está usando un canal inapropiado y, en tal caso, deberemos ayudarle a cambiar de estrategia.

Estos conocimientos van a sernos muy útiles, tal como se verá en el capítulo 11, cuando deseemos enseñar individualmente a un alumno a mejorar su ortografía.

Aunque a primera vista pueda parecer complicado, si el lector acude al anexo 7 y practica haciendo las preguntas que se proponen a diferentes personas al tiempo que observa los movimientos oculares que hacen antes de responderlas (mientras están buscando la información), verá que es mucho más sencillo de lo que parece.

5. CONCLUSIONES

La PNL es una parte de la psicología aplicada que modela los comportamientos de tal manera que pueden enseñarse sistemática y eficazmente. Por eso afirmamos que se trata de un enfoque pragmático.

Percibimos fragmentos de la realidad a través de los sentidos aunque nunca podemos captar la realidad en su totalidad. De la misma manera que una fotografía es una representación y no la realidad misma.

Cada fragmento de la realidad se puede captar de una manera óptima si utilizamos el canal adecuado y el mejor canal para la ortografía es el visual.

Lo que ha sido captado a través de un canal de percepción, difícilmente será recordado de forma útil a través de otro. Si un alumno recuerda auditivamente la palabra "ventana", difícilmente sabrá si se escribe con "b" o con "v" puesto que esta información es visual y no auditiva.

Los movimientos inconscientes de los ojos muestran al observador a través de qué canal se está procesando la información.

CAPÍTULO VI
LA SINGULAR APORTACIÓN DE LA PNL A LA ORTOGRAFÍA

1. ESTRATEGIA QUE UTILIZAN LAS PERSONAS CON BUENA ORTOGRAFÍA

En el capítulo anterior, hemos explicado que la PNL desmenuza los comportamientos de tal manera que pueden ser enseñados y reproducidos a voluntad. En cierto sentido, la PNL convierte aquello que se desea modelar en un conjunto de pasos ordenados que pueden seguirse fácilmente y conducen a los resultados deseados.

Podríamos comparar la PNL a un libro de cocina. Un plato culinario puede ser extraordinariamente elaborado, pero si ha sido claramente descrito paso a paso y se tienen todos los ingredientes para realizarlo, no cabe duda que podrá prepararse el plato con el mismo éxito que si lo confeccionara un famoso "chef".

La gran aportación de la PNL a la ortografía es, precisamente, el haber sabido desmenuzar el proceso mental que realizan las personas con buena ortografía y haber pensado el modo de enseñar fácilmente dicho proceso a cualquier persona.

En este capítulo describiremos una aproximación al proceso mental que se realiza al escribir cuando se tiene buena ortografía. En el capítulo 9 y siguientes veremos como enseñar este proceso tanto individualmente como en el grupo clase.

Quienes dominan la ortografía tienen en común un patrón, una estrategia. Aprendiéndola y automatizándola cualquier alumno puede mejorar su ortografía.

Únicamente queremos hacer una salvedad: es imprescindible que dichos alumnos cumplan con unos requisitos previos, como también se necesitan para ser un buen cocinero. Las condiciones que debe dominar cualquier alumno previamente a la ortografía son las siguientes:

a) Saber escribir y ser capaz de leer a una velocidad razonable (un mínimo aproximado de 50/60 palabras por minuto).

b) Darse cuenta de la existencia de la arbitrariedad de la escritura, es decir, saber que las palabras a menudo no se escriben como suenan o como un hablante o comunidad en particular las pronuncian.

c) Estar decidido a mejorar. Sin motivación ni voluntad, no hay mejora posible.

Cuando estemos seguros de que estas condiciones previas son un hecho, podemos empezar a preguntarnos: ¿cuál es el proceso que siguen las personas con buena ortografía? O dicho de otra manera: ¿cuál es el proceso que una vez descrito vamos a enseñar a nuestros alumnos?

Queremos destacar que vamos a enseñar un proceso, no un conjunto de normas, un vocabulario o unos trucos para escribir mejor. Cuando lo dominen de forma automática, su mejora será continua, igual que les ocurre a todas las personas que tienen buena ortografía: pueden o no conocer una palabra, pero en cuanto la ven escrita difícilmente la olvidan.

Dotar a nuestros alumnos de una estrategia que procese todo el vocabulario al que tengan acceso es dotarles de la posibilidad de mejorar tanto ahora como en el futuro y, además, en todas las lenguas que estudien, puesto que el proceso mental siempre es el mismo.

Veamos ahora cuál es el proceso de las personas que tienen buena ortografía brevemente descrito.

1) Cuando escuchan o se dicen una palabra que quieren escribir, buscan mentalmente la imagen de tal palabra, viéndola con todas las letras. La escritura se convierte en una "copia" de la palabra que previamente han almacenado en su mente.

Quienes tienen mala ortografía, siguen otras estrategias, como podría ser:
- Cuando oyen una palabra, como por ejemplo nube, puede ser que se imaginen una nube.
- También puede suceder que repitan el vocablo para decidir si la escribirán con v o b, cuando en realidad suenan igual y no pueden diferenciarse auditivamente.
- Otra posibilidad es que se sumerjan en las sensaciones que se derivan para ellos de tal palabra. Una bonita forma de inspirarse y hacer poesía pero una pésima manera de aprender ortografía.

Ninguno de los tres sistemas anteriores produce buenos resultados ortográficos.

2) Las personas con buena ortografía notan si la imagen que tienen de la palabra es lo bastante buena como para escribirla con plena seguridad. En tal caso, automáticamente pasan al siguiente paso descrito en el apartado 3.

Es posible, sin embargo, que perciban la imagen de la palabra como oscura, borrosa, demasiado pequeña o incluso carezcan de imagen y no estén seguros de poderla escribir correctamente. Esta sensación de inseguridad les lleva a actuar en consecuencia:
- Puede que consulten el diccionario.
- Preguntan a alguien.
- Buscan una palabra conocida de la misma familia.
- Escriben la palabra de dos maneras diferentes. Generalmente, la incorrecta "daña" sus ojos y la correcta les produce una buena sensación.
- Tratan de encajar la palabra en una norma, sobre todo si se trata de un acento o similar, etc.

En todos los casos, una persona con buena estrategia ortográfica guardará la imagen de la palabra para el futuro y, posiblemente, ya no volverá a dudar de la escritura de esa palabra en concreto.

3) Finalmente, escriben la palabra cuya imagen tienen almacenada en su mente y han reconocido con plena seguridad.

Como se puede suponer, este proceso de escritura se realiza de forma inconsciente y a enormes velocidades. Por ello, pocas personas saben exactamente qué hacen cuando escriben. **Invitamos de nuevo a reflexionar sobre cómo se sabe que se escribe correctamente una palabra.** Se puede pensar, por ejemplo, en nombres de ciudades conocidas, productos de cocina, animales, marcas de electrodomésticos o coches, etc.

¿Cómo se obtiene la seguridad de saber escribirlas? Sin duda porque se realizan, en esencia, los mismos pasos que hemos descrito: "ver" la palabra en la mente, tener una sensación de seguridad y encontrarse en disposición de escribirla sin ninguna duda.

2. FORMULACIÓN DE LA ESTRATEGIA

El proceso que hemos descrito en el apartado anterior y que, lógicamente, es una simplificación de las múltiples variables que se dan en la realidad, puede transcribirse como si fuera una fórmula matemática:

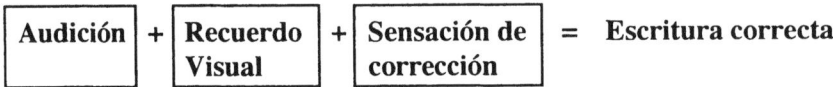

Este proceso es el que debemos enseñar a los estudiantes antes de abordar sistemáticamente el estudio de la ortografía tal como se explica en el capítulo 10.

De poco serviría un intenso estudio sistemático de la ortografía si nuestros alumnos no supieran evocar las palabras a escribir como imágenes que no deben ser alteradas.

La ausencia de esta estrategia en el proceso mental de los alumnos explicaría por qué gran parte del trabajo que se realiza en las aulas no da sus frutos, ya que muchos estudiantes continúan utilizando procedimientos auditivos o cinestésicos para evocar las palabras que desean escribir.

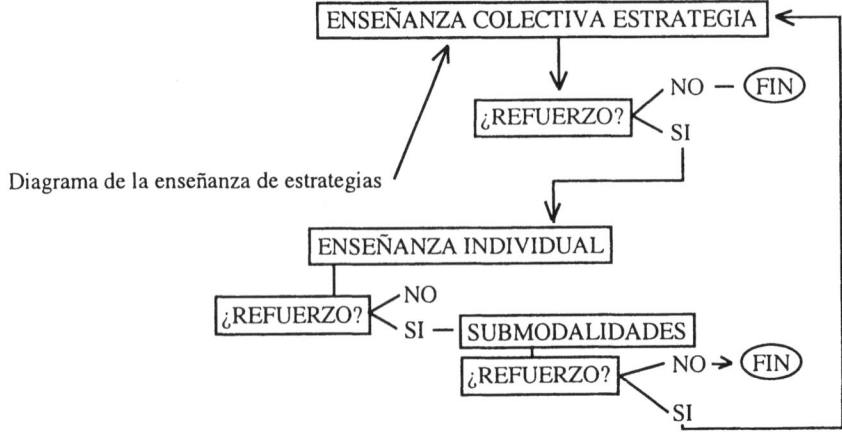

Diagrama de la enseñanza de estrategias

Como se deduce del gráfico adjunto recomendamos a los profesores, especialmente a los tutores, empezar enseñando la estrategia ortográfica adecuada a nivel grupal. El modo de hacerlo se explica paso a paso en el próximo capítulo.

La mayoría de los alumnos demostrarán una mejora ortográfica notable a las pocas semanas de haber finalizado el proceso anterior, lo cual querrá decir que habrán interiorizado la estrategia que se transmitía y podrán empezar un trabajo ortográfico sistemático que multiplicará inmediatamente los beneficios ya obtenidos.

En una clase, siempre encontraremos unos pocos estudiantes que no muestren un avance suficiente y deberemos ofrecerles un tratamiento individual con las pautas explicitadas en el capítulo 12. Reiteramos que resulta imprescindible para mejorar ortográficamente tener incorporada una estrategia visual adecuada.

Si se desea ayudar a un alumno de manera individual se pueden obviar los pasos que se explican para el trabajo en grupo y ceñirse a la estrategia individual del capítulo 12. Los resultados van a ser semejantes.

SEGUNDA PARTE
ALTERNATIVAS APLICABLES AL AULA

CAPÍTULO VII
CÓMO ENSEÑAR LA ESTRATEGIA ORTOGRÁFICA COLECTIVAMENTE

1. INTRODUCCIÓN

A continuación exponemos un conjunto de pasos ordenados, pensados para acceder a una estrategia mental adecuada para el aprendizaje ortográfico. Nuestra experiencia en el aula nos ha hecho comprender que sin dominar el proceso mental que implica el "ver" las palabras antes de escribirlas, no es posible tener una buena ortografía.

También hemos comprobado que los ejercicios que proponemos facilitan una mejora objetiva e importante a los grupos de alumnos que las aplican. Entre las numerosas experiencias que hemos recogido resalta la de un grupo de 5° curso de la extinta EGB que se encontraba en un nivel ortográfico de finales de cuarto (según las pruebas objetivas de Alexandre Galí) y que alcanzó el nivel de principios de octavo... ¡en sólo dos trimestres!

Cabe decir que las estadísticas siempre son inexactas y que, tanto en este grupo como en otros, hubo personas con importantes avances y otras con avances más discretos, y aún algún caso puntual cuyo avance fue nulo. Debe quedar muy claro que algunos alumnos pueden no mejorar en demasía, o en algún caso en absoluto, pero se tratará de alumnos puntuales que deberán ser abordados desde la estrategia individual que se explica en el capítulo 11 o, a través del aula de Educación Especial.

Una vez la estrategia sea conocida y dominada se utilizará inconsciente y automáticamente en cualquier circunstancia y momento. De la misma manera que no hay que volver a aprender a ir en bicicleta cada vez que se sube a ella (aun cuando haga mucho tiempo que no practicamos), algo parecido sucede con la estrategia ortográfica, una vez aprendida no hay que volver a insistir en ella porque no se olvida.

2. ASPECTOS PREVIOS

2.1. Evaluación inicial

Para constatar la mejoría de nuestros alumnos, necesitamos un punto de referencia inicial que nos permitirá ver la evolución con la máxima objetividad posible. Es preciso, pues, realizar una evaluación inicial.

Aconsejamos partir de la corrección de textos que hayan escrito los alumnos, bien sean textos libres o producciones realizadas sin "conciencia ortográfica", como por ejemplo trabajos para naturales, sociales, etc. Conviene que el texto o conjunto de textos recogidos superen con amplitud las 200/300 palabras en conjunto, si ello es posible. No sirve el anunciar "cuidado con este texto que voy a poner nota", puesto que ello alerta la "conciencia ortográfica" del alumno y hace que, ante la duda, busque sinónimos, pregunte... y no podamos saber cuál es el auténtico nivel de ese alumno en particular cuando escribe espontáneamente.

Al corregir señalaremos aquellas palabras que estén mal escritas, o sea, que contengan como mínimo un error. Aunque una palabra tenga más de un error, sólo la contabilizaremos como una falta. La razón de proceder así es que consideramos la palabra como una imagen global que el alumno debe captar en su totalidad. Si algún alumno escribe "henbidia" en lugar de "envidia", lo que ocurre es que desconoce la escritura de tal palabra y no sólo que desconoce la ausencia de "h" o la presencia de "v". Una palabra o se conoce, o se ignora, no hay medias tintas.

Si una palabra se escribe de forma incorrecta más de una vez en el texto, debe ser contabilizada también más de una vez

Una vez corregido el texto se debe calcular el **tanto por ciento** de palabras equivocadas. Esta manera de contabilizar errores es poco frecuente en nuestro país, sin embargo, es un sistema objetivo e inequívoco. Si no somos rigurosos podemos caer en errores metodológicos. Así, por ejemplo, cuando la letra es grande, los errores parecen menos numerosos. Por el contrario, en textos escritos con letra pequeña, apretados, sin márgenes, etc. toda la hoja se tiñe de rojo.

Cuando ya conozcamos el número total de palabras equivocadas, podemos con una sencilla operación aritmética encontrar el tanto por ciento de errores de un alumno en concreto. De esta forma tenemos un punto de referencia individualizado y bastante objetivo que nos permitirá constatar los avances, ya que en el futuro deberemos evaluar a cada estudiante respecto a sí mismo y a sus propios progresos. Así, por ejemplo, un alumno que disminuye sus errores desde el el 30% al 10% merecerá tan buena calificación como aquel que partiendo del 10% ha reducido sus errores hasta el 5%. No hay duda de que ambos están mejorando a buen ritmo.

La fórmula que permite encontrar el tanto por ciento de errores es:

$$\frac{n° \text{ de errores} \times 100}{n° \text{ de palabras}}$$

Aunque pueda parecer que un dictado es más objetivo, dependerá del dictado en sí y su adecuación. ¿Sería fiable evaluar el dictado de un fragmento de un manual universitario para alumnos de primaria? Naturalmente que no. Lo óptimo sería contar con dictados que incluyesen el vocabulario más habitual en nuestros alumnos, e ir comprobando que este vocabulario se domina cada vez más a lo largo del curso. Al no contar con un vocabulario básico completo contextualizado podemos usar otro tipo de evaluación como solución intermedia (aunque no perfecta). Consistirá en pedir a nuestros alumnos que completen los huecos que les presentamos en las palabras más usuales del vocabulario básico tal como se sugiere a continuación

— a-ía una -ez (h/-; v/B; V/B)
— ombre (H/-)
— iba (H/-)

Estos vocablos pueden extraerse del capítulo 13 donde listamos, por orden de frecuencias, las palabras que deberían aprenderse en cada curso. Así, cuando queramos ver el avance podremos volver a pasar la misma prueba o comprobar que las palabras de dichas listas ya se escriben bien tanto en la prueba como en los textos libres ejecutados con espontaneidad.

2.2. Motivación y conciencia de aprendizaje

A menudo se confunde la motivación con el uso de recursos variados: diapositivas, vídeo, canciones, etc. y esta confusión convierte al maestro en algo más parecido a un prestidigitador de circo que a un enseñante.

En lugar de insistir en los medios, deberíamos fijarnos en los fines, en los objetivos a alcanzar. La verdadera motivación de nuestros alumnos surge cuando comprueban que están aprendiendo, que están alcanzando los objetivos previamente fijados, cuando esto sucede pierden importancia el tipo de recursos o soportes que se utilicen y lo que realmente queda revalorizado es el aprendizaje en sí mismo.

Para que los alumnos se motiven deben comprobar que están aprendiendo. Es imprescindible que conozcan los objetivos que deben alcanzar y cómo demostrarán que los han alcanzado, esto es, cómo serán evaluados. Así podrán focalizar su esfuerzo en los objetivos marcados y, a su vez, controlar si podrán superar o no la evaluación prevista. De esta forma, tendrán la oportunidad de modificar su actuación y mantener el control sobre su propio proceso de aprendizaje.

Siguiendo esta línea de concienciación del alumnado en cuanto a su aprendizaje, deberíamos:

a) **Concienciarlos de que las palabras son imágenes.** Aunque los sonidos pueden darnos pistas de la escritura de las palabras, solamente a través de la imagen podemos estar seguros de su correcta escritura. ¿Cómo sabríamos, si no, que "avión" se escribe sin hache y con uve?

Para conseguir que se den cuenta de la forma más sencilla y clara posible de que las palabras son imágenes, podemos hacerles escribir diferentes palabras a varios alumnos para, seguidamente, preguntarles cómo tienen la seguridad de haberlas escrito correctamente e iniciar un diálogo a partir de esta actividad que haga evidente la necesidad de recurrir a nuestras imágenes mentales para escribir con corrección.

Otra posibilidad sería que los alumnos preguntasen a adultos que escriben bien cómo saben con seguridad que unas determinadas palabras, como "hora", "viento", "azahar", etc. están bien escritas y mantener posteriormente en clase un diálogo a partir de esta actividad que, generalmente, nos llevará de una manera natural a la conclusión indicada en el párrafo anterior.

También se pueden buscar palabras de escritura difícil como por ejemplo las que contienen uves, bes, haches, etc. y leerlas en voz alta a la clase. Hacer notar que el sonido de algunas letras no nos da pistas acerca de su escritura.

b) Hacerles notar la **importancia de tener un buena memoria visual** cuando se trata de recordar la imagen de las palabras.

Les llamaremos la atención acerca de que continuamente almacenamos imágenes en nuestra mente que después somos capaces de evocar. Podemos demostrarlo haciéndoles recordar personajes de la TV, carteles que hay en el pasillo de la escuela, señales de tráfico, anuncios publicitarios...

Si podemos recordar imágenes tan complejas como el Pato Donald, también somos capaces de recordar la imagen de una palabra de pocas letras. Pero de igual manera que podemos incrementar la agilidad haciendo aeróbic, es posible mejorar la ortografía ejercitando nuestra memoria visual.

c) **Evidenciar** que su escritura contiene todavía muchos **errores.**

d) **Proponerles un plan de trabajo** para incrementar su memoria visual y mejorar su ortografía. Estableceremos un calendario y unos horarios para llevar a cabo este trabajo, asegurándonos que todos los alumnos los conocen y los valoran como algo muy importante. Por ejemplo, podríamos decidir dedicar todos los día veinte minutos a este tema después del patio o media hora al inicio de las clases, etc., hasta conseguir nuestros objetivos.

e) **Pactar criterios evaluativos**. Explicitar la "mejora mínima" obligatoria para cada uno y la forma como les pondremos "nota".

Una vez que los alumnos se hayan concienciado de la gran importancia de almacenar en su memoria visual las imágenes de las palabras que utilizan, **podremos indicarles cuál es nuestro común objetivo: dominar el vocabulario básico suficiente que les permita reducir su tanto por ciento de errores en los escritos que produzcan.**

2.3. Cuatro pasos para enseñar la estrategia ortográfica a grupos

Primer paso: mejorar la memoria visual.
Segundo paso: aplicar la memoria visual a la ortografía.
Tercer paso: cómo vincular la sensación de seguridad a la ortografía.
Cuarto paso: reforzar las sensaciones que producen las palabras bien y mal escritas.

2.3.1. *Primer paso: mejorar la memoria visual*

Dedicaremos unos 15 minutos diarios entre una y tres semanas a mejorar la memoria visual.

Para realizar los ejercicios diariamente, cada alumno dispondrá de una copia de las figuras geométricas que se adjuntan en el anexo 1 u otras similares. Les solicitaremos que las pinten de los colores que deseen y procuraremos que sean distintos. Así algunos pintarán el pentágono (al que los más pequeños podrán llamar "casa" o "Lápiz") de rojo, otros de azul, otros de lila... y procederemos del mismo modo con todas las figuras de que dispongamos.

Recortarán las figuras y cada alumno las guardará en una cajita, en una funda de plástico transparente o sobre apropiado. Las cajas de cassettes vacías son perfectas para este uso.

Los agruparemos por parejas para iniciar la actividad que puede desarrollarse de la siguiente manera:

María muestra dos figuras coloreadas de su sobre a José, quien las observará y las guardará en su memoria. Entonces María, tras taparlas o esconderlas, le hará cuatro preguntas (un turno) y anotará el número de errores y aciertos. A continuación será el turno de José que procederá del mismo modo.

En el anexo 2 se encuentran los ejemplos de preguntas que pueden hacerse y en el anexo 3 existe un ejemplo de ficha de control donde apuntar los errores y aciertos de cada turno.

Una vez acertadas todas las preguntas en cuatro turnos consecutivos, se añade una figura geométrica más. Así avanzamos a lo largo de diferentes sesiones hasta que todos sean capaces de visualizar como mínimo unas cuatro/cinco figuras recordando tanto su forma como su posición y color.

Generalmente, este entrenamiento acostumbra a durar entre una y tres semanas, dependiendo de la edad de los alumnos y de su habilidad.

2.3.2. *Segundo paso: cómo aplicar la memoria visual a la ortografía*

Dedicaremos unos quince minutos diarios durante una o dos semanas al ejercicio que explicamos a continuación y que nos ayudará a conectar la memoria visual con la ortografía.

Se entregan a cada alumno los recortables de palabras que se adjuntan en el anexo 4 (u otros parecidos).

Les pediremos que pinten a su gusto cada una de las letras con diferentes colores, un color para cada letra.

Igual que en el ejercicio anterior, cada alumno recorta y guarda las suyas de forma adecuada (caja, sobre...).

Cuando sea el momento de trabajar la ortografía volverán a reunirse por parejas para hacerse preguntas similares a las que figuran en el anexo 5, que previamente podrían practicarse conjuntamente para asegurarnos de su correcta comprensión.

Obsérvese que en el anexo hay preguntas libres y una pregunta obligatoria. Las preguntas libres se refieren a color, situación o nombre de una letra en concreto. Por ejemplo encontrarán:

- "¿De qué color es la última letra?"
- "¿Cuál es la cuarta letra empezando por el final?"...

La pregunta obligatoria siempre es: **deletrea la palabra desde el final.**

Cuando hablamos de "deletrear" nos referimos a nombrar una a una las letras que componen una palabra. El deletreo desde el final de "árbol" es: ele-o-be-erre-a con acento.

La finalidad de deletrear a la inversa es obligar al alumno a estar "mirando" la palabra en cuestión, nadie puede deletrear al revés sin "ver" mentalmente la palabra. Invitamos al lector a deletrear al revés "tres" o cualquier otra palabra corta que se le ocurra. Si lo ha encontrado muy fácil, inténtelo con una palabra más larga como, por ejemplo, "hispanoamericano". Como habrá notado, tiene que "mirar" la palabra para poder deletrearla al revés.

Se empezará con palabras de dos letras y se pasará a las de tres letras cuando se conteste correctamente a cuatro turnos de cuatro preguntas cada uno y así sucesivamente. El ejercicio se dará por terminado cuando todos los alumnos pueden realizar el ejercicio con palabras de cuatro/cinco letras como mínimo.

2.3.3. *Tercer paso: cómo vincular la sensación de seguridad a la ortografía*

Durante una o dos semanas dedicaremos unos 20 minutos diarios a profundizar en la memoria visual vinculándola a la sensación de conocer o desconocer una palabra determinada cuando la veamos escrita. Este ejercicio consta de tres partes:

1) Ofrecemos un texto a cada alumno (puede ser una fotocopia o un libro de lectura del que tengamos suficientes ejemplares para todos). Indicamos a los alumnos que lean y se preocupen de "estudiar" aquellas palabras de cuya escritura dudan.

La forma más sencilla de aprender una palabra dudosa o difícil acostumbra a ser seguir el siguiente proceso:
 a. Hacerle una foto mental.
 b. Mirando la imagen mental de la palabra, deletrearla al revés.
 c. Mirando la imagen mental, deletrearla de nuevo. Esta vez empezaremos por el principio.

La finalidad de deletrear a la inversa, tal como hemos dicho en el paso anterior, es obligar a estar "mirando" la palabra en cuestión, nadie puede deletrear al revés sin "ver" mentalmente la palabra.

2) Dictamos del texto unas cuantas palabras que hemos elegido previamente por su dificultad ortográfica. Es mejor dictar las palabras contextualizadas, es decir, leer toda la frase donde se encuentran, aunque los alumnos sólo escriban la palabra que se indique. Así tanto el dictado como la corrección serán más rápidos.

Por ejemplo, leeremos: "una princesa miraba por la **ventana** de su castillo cuando..." y a continuación diremos: "escribid **ventana**".

3) Cada alumno se autocorrige mirando el texto original.

En el anexo 6, damos unas pautas en cuanto a extensión del texto y número de palabras a dictar teniendo en cuenta el nivel académico.

Esta actividad puede darse por finalizada, cuando todos los alumnos se encuentren en un rango aproximado de errores entre 0 y 2 durante tres sesiones seguidas.

2.3.4. *Cuarto paso: reforzando las sensaciones que producen las palabras bien y mal escritas*

Durante una o dos semanas dedicaremos unos 20 minutos diarios a cultivar la sensación de seguridad ante las palabras escritas.

Ofreceremos un texto a cada alumno como en la actividad anterior y lo trabajaremos de la misma forma que hemos descrito anteriormente. Solamente se introduce una variable: el dictado es corregido por un compañero sin consultar el texto original.

Después de esto el autor del dictado comprueba, ahora sí con el texto, que la corrección realizada por su compañero está bien.

Daremos por terminada esta actividad cuando veamos que la mayoría de nuestros alumnos realiza los dictados con un rango de error de 0 a 2 y en la corrección cruzada dichos errores son localizados en un 90% de los casos y no se añaden falsos errores, es decir, quien corrige no cuenta como "mal" ninguna palabra bien escrita.

3. CONCLUSIÓN

Hemos ofrecido unos pasos mediante los cuales habremos conseguido que la mayoría de los alumnos accedan a una estrategia ortográfica correcta basada en:
1. Ver mentalmente la palabra que desean escribir.
2. Tener la sensación de seguridad al verla interiormente o la sensación de desconocerla y actuar en consecuencia (diccionario, preguntar, sinónimo...).
3. Escribirla.

Con esta estrategia ya dominada iniciaremos un período en el que sus errores van a disminuir enormemente.

¿Qué hacer en el caso de tener algún alumno que no ha alcanzado los objetivos marcados para los cuatro pasos que hemos descrito en este capítulo?

¿Podemos enseñarle la estrategia ortográfica de manera individual?

Naturalmente que sí. La explicación de cómo hacerlo se detalla en el capítulo siguiente.

Lo importante es que, de un modo u otro, todos nuestros alumnos dominen dicha estrategia y acaben mejorando su nivel ortográfico.

CAPÍTULO VIII
CÓMO ENSEÑAR LA ESTRATEGIA ORTOGRÁFICA DE FORMA INDIVIDUAL

1. CUÁNDO ENSEÑARLA

• Después de trabajar colectivamente la estrategia ortográfica tal como se explica en el capítulo anterior, si todavía tenemos algún alumno con dificultades podemos enseñarle el proceso de forma individual. Muy probablemente descubriremos algún pequeño detalle o dificultad que nos ha pasado desapercibida durante el proceso colectivo y no hemos podido o sabido abordarla.

• Igualmente será de utilidad conocer esta estrategia individual para los profesores de educación especial y para aquellos que atiendan, por cualquier razón, a los alumnos de forma individual. Esta estrategia les ofrece una posibilidad nueva de solucionar las dificultades ortográficas desde un ángulo distinto y acorde con el número de alumnos con el que se trabaja.

• Algunos profesores preferimos realizar la instalación individual aunque tengamos una tutoría a nuestro cargo y, en general, no realizamos la instalación de la estrategia colectiva a no ser que sea un curso donde la práctica totalidad de los alumnos necesita reconvertir su proceso ortográfico en un proceso esencialmente visual.

En el caso de optar por la enseñanza individual de la estrategia ortográfica, buscamos espacios de tiempo en los que atender individualmente a los alumnos (ratos de recreo, de tutoría individual, de exclusiva, de refuerzo...), aunque ello significa invertir un cierto tiempo (diez o quince minutos por alumno) extra a nuestro trabajo cotidiano. Por supuesto, solamente tratamos individualmente a aquellos alumnos que demuestran tener graves problemas ortográficos, de modo que el tiempo global que dedicamos a la enseñanza individual de este proceso será como mucho, unas pocas sesiones durante dos o tres semanas.

2. CÓMO ENSEÑAR LA ESTRATEGIA INDIVIDUAL BÁSICA

Se trata de un procedimiento muy sencillo, que puede aplicarse con facilidad y que tiene un nivel de éxito elevado. A continuación explicamos los pasos uno a uno:

1. En primer lugar, nos aseguraremos de que el alumno desea realmente hacer un cambio positivo en cuanto a la ortografía. Si el alumno no está motivado, todo lo que hagamos será inútil. Es preferible que provoquemos el deseo de mejorar y esperaremos a que sea él mismo quien manifieste su interés en que le enseñemos cómo conseguirlo.

2. A continuación averiguaremos cuál es la posición ocular (arriba a la derecha o arriba a la izquierda) que adopta cuando recuerda imágenes. En el anexo 7 se encuentran una serie de preguntas que obligan a recurrir a imágenes para ser contestadas. Podemos usarlas para descubrir la posición visual para imágenes recordadas.

3. Le explicaremos que es más fácil recordar imágenes si se sitúan los ojos en tal dirección. Es como si en ese lugar tuviésemos una "pantalla mágica" donde proyectamos las imágenes que recordamos.

4. A continuación, le mostraremos una palabra de pocas letras (empezamos con dos letras) y le pediremos que la recuerde o proyecte en su "pantalla mágica".

5. Le diremos que la escriba en el aire con los dedos índice y medio, y a continuación, que la escriba de nuevo con la punta de la nariz.

6. También podremos sugerirle (aunque este paso no siempre es necesario), que proyecte la palabra en la "pantalla mágica" usando su color preferido.

7. Posteriormente le indicaremos que mire en su pantalla mágica y que nos deletree la palabra empezando por la última letra. Por ejemplo: la palabra "mar" deletreada al revés será:

erre - a - eme

La palabra "aquí" será:

i con acento - u - q - a

8. Para cada palabra, después del deletreo al revés seguiremos con un deletreo desde el principio. Para "ahí" sería:

    i con acento - ache - a   a - ache - i con acento

9. Luego, con la misma palabra le haremos dos o tres preguntas sobre las letras que la componen comprobando que mientras nos contesta está mirando hacia su pantalla mágica, es decir que está viendo la imagen de la palabra. Si el alumno perdiese la imagen, se la volveríamos a enseñar hasta que la supiese y pudiese ponerla en la pantalla mágica. Un ejemplo de las preguntas que podríamos hacer con la palabra **mar** sería:

¿Cuál es la tercera letra empezando por el final? Respuesta: la eme.

¿Cuál es la segunda letra empezando por el principio? Respuesta: la a.

10. Cuando hayamos realizado este proceso con la primera palabra, le enseñaremos otra y repetimos los pasos del 4 al 10. Si las palabras de dos letras son tan sencillas que nuestro alumno puede contestarnos correctamente sin tener la mirada fija en su "pantalla mágica", le mostraremos una palabra de tres letras, o de cuatro, o de cinco... hasta que le obliguemos a mirar a su "pantalla mágica" continuamente para consultar la palabra (naturalmente no debemos excedernos con palabras demasiado largas, por ello lo mejor es ir mostrando palabras cada vez más largas hasta que la dificultad sea suficiente como para obligar a mantener los ojos en la dirección de los recuerdos visuales, pero lo bastante corta como para que pueda recordarla sin perderla continuamente). En el anexo 8 encontrará una lista de palabras a preguntar.

11. Cuando después de hacer este proceso con unas pocas palabras (cinco o seis) comprobemos que, inconscientemente y sin necesidad de nuestro aviso, nuestro alumno acude a su "pantalla mágica" a consultar las palabras para responder a nuestras preguntas podemos considerar que hemos conseguido nuestro objetivo: enseñar que las palabras deben "verse" antes de escribirse.

12. Antes de marchar le daremos unos deberes para que la estrategia recién aprendida se consolide. Le pediremos que a lo largo del día se fije en una docena de palabras (pueden ser de la TV, de libros, de carteles... etc.), las ponga en su pantalla y las deletree de la forma que hemos enseñado: primero al revés y luego desde el principio.

Al cabo de unos días podemos preguntar a nuestro alumno en un momento cualquiera cómo se escribe una palabra determinada (no importa cuál) y nos fijaremos si sus ojos se han dirigido immediatamente a su "pantalla mágica", en caso positivo podemos dar la estrategia por instalada, en caso negativo hay que volver a iniciar el proceso.

3. CÓMO MEJORAR LA ESTRATEGIA INDIVIDUAL CON SUBMODALIDADES

Si a pesar de visualizar las palabras en el lugar adecuado, es decir, en el lugar que hemos descubierto que recuerda siempre imágenes, su ortografía no mejora, debemos presuponer que aunque recuerda la imagen de las palabras, tal imagen es de muy mala calidad y debe mejorar.

La estrategia basada en submodalidades que explicamos a continuación tiene como objetivo localizar las deficiencias en la calidad de los recuerdos y facilitar su mejora.

Casi todas las personas, aunque son capaces de tener imágenes de las palabras, pueden mejorarlas notablemente. La forma más sencilla de conseguirlo es a través de los siguientes pasos:

1. Mostramos al alumno una palabra corta como por ejemplo "beso" y le pedimos que la mire tanto como quiera hasta que sea capaz de recordarla en su "pantalla mágica". Hay que concederle todo el tiempo que necesite.

2. A continuación le haremos las preguntas del cuestionario que sigue y anotaremos las respuestas obtenidas en el mismo (ver cuadro de la página siguiente).

3. Comentaremos con el alumno las características que mejoran su imagen. Por ejemplo: "tus imágenes mejoran si las tienes cerca, las haces más grandes y les das más brillo... "

4. Al acabar le daremos unos deberes para que la estrategia recién aprendida se consolide. Le pediremos que a lo largo del día, durante una semana, se fije en una docena de palabras diarias. Las ponga en su pantalla y las deletree de la forma que hemos enseñado anteriormente: primero al

CUESTIONARIO		
	Sí	No
a) Aumenta en tu imaginación el tamaño de la palabra, ¿mejora?		
b) Disminuye en tu imaginación el tamaño de la palabra, ¿mejora?		
c) Acerca la palabra, ¿mejora?		
d) Aleja la palabra, ¿mejora?		
e) Cambia de color las letras y el fondo, prueba blanco sobre negro, ¿mejora?		
f) Y negro sobre blanco, ¿mejora?		
g) Prueba con otros colores, ¿mejora?		
h) Haz más nítida tu imagen, ¿mejora?		
i) Aumenta el brillo de tu imagen, ¿mejora?		
j) Quítale brillo a tu imagen, ¿mejora?		
K) Enmarca tu imagen, como si fuera un cuadro, ¿mejora?		

revés y luego desde el principio, **pero añadiendo las características que hemos descubierto que mejoran su imagen.**

Una vez realizado esto podemos estar seguros de que nuestros alumnos recuerdan imágenes cuando piensan en palabras y que su calidad es suficientemente buena.

En el próximo capítulo sugerimos cómo organizar la clase durante el tiempo dedicado a ortografía a lo largo del curso una vez instalada la estrategia ortográfica. Es el capítulo donde se saca partido a toda la teoría expuesta anteriormente plasmándose en ejercicios y actividades concretas que pueden aplicarse en la práctica diaria.

NOTA: Este capítulo estará próximamente disponible en vídeo. Puede solicitarse información al editor o a los autores.

CAPÍTULO IX
PROPUESTA DE TRABAJO SISTEMÁTICO EN EL AULA

Una vez hayamos conseguido que la mayoría de nuestros alumnos tengan una estrategia mental ortográficamente útil, iniciaremos el trabajo sistematizado.

Para iniciar el trabajo que proponemos no será necesario prolongar el tiempo destinado a la ortografía. Será suficiente con el que ya se le dedica habitualmente en cada escuela. Simplemente, se convertirá en un tiempo mucho más productivo.

Lo que proponemos, en esencia, es abordar el tema desde tres aspectos fundamentales:
- **Diferentes vocabularios:**
  1. **Básicos.**
  2. **Personales.**
  3. **Específicos.**
- **Dominio de las reglas de mayor rendimiento.**
- **Técnicas para interiorizar la imagen de las palabras.**
  1. **Personales.**
  2. **En grupo.**

A lo largo del capítulo iremos desvelando cada uno de los apartados del diagrama, para que podamos luego implementarlos en la actuación diaria.

1. VOCABULARIO BÁSICO: SU IMPORTANCIA

Afirma Vicente Barberá (1988) que **hay cinco palabras que producen el 10 % de los errores ortográficos.**

Así pues, si una persona con pésima ortografía, en un solo día aprende esas cinco palabras, puede estar segura de haber mejorado en un

10% su nivel ortográfico. La razón estriba en que estas palabras se utilizan con mucha frecuencia y muy a menudo se escriben mal.

María Jesús Esteve y Jaime Jiménez (1988) afirman que conociendo quince palabras se domina... ¡el 30 % de los errores! Y conociendo 67, los errores disminuyen ¡un 60%!

Los investigadores que han analizado el lenguaje escrito con la finalidad de averiguar qué palabras se usan más a menudo y cuáles de ellas producen mayor número de errores ortográficos, las han listado para confeccionar lo que han denominado "**vocabularios básicos cacográficos**".

Así pues, nuestros alumnos mejorarán espectacularmente si dominan las palabras que más se utilizan y que mayor número de errores provocan.

Nuestra propuesta se basa en trabajar con los alumnos textos que incluyan tales palabras y, si no es posible (el trabajo de preparar o seleccionar los textos es ímprobo), podemos optar por ofrecer las palabras en listas cortas para que sean aprendidas. Más adelante especificaremos algunas técnicas adecuadas para conseguirlo. Sea como fuere, resultará imprescindible el dominio de esas palabras. Por ejemplo, en el tercer curso de primaria proponemos el aprendizaje de 150 palabras del vocabulario básico cacográfico, a razón de 50 por trimestre, o sea, de 15 a 20 palabras por mes. Este vocabulario se ha incluido en la propuesta de programación para primaria distribuyéndose por trimestres, puede ser un buen punto de partida para adaptarlo a las necesidades de cada escuela.

2. EL VOCABULARIO BÁSICO: CÓMO ENSEÑARLO

Es sencillo y útil exponer en un lugar visible de la clase un cuadro de doble entrada donde figuren por una parte los nombres de los alumnos y por otra las distintas listas a aprender para que en todo momento profesor y alumnos conozcan el nivel de progreso de todos y cada uno.

Estemos atentos, sin embargo, a que este control no se convierta en una cuestión obsesiva, puesto que, como ya hemos dicho, la ortografía es solamente un tanto por ciento relativamente reducido del total del currículum de lengua y no debe convertirse en la "estrella" de la asignatura.

Como se observa en el cuadro de la página siguiente, Cristóbal S. va extraordinariamente atrasado, seguramente necesitará una ayuda individual para que llegue a dominar la estrategia (consultar, si se desea, el capítulo anterior donde se explica cómo brindar esa ayuda personalizada),

Nombre	Vocab. 1	Vocab. 2	Vocab. 3	Vocab. X
Pedro	Sí	Sí		
Aroa	Sí	Sí		
Angel F.	Sí	Sí	Sí	
Ramón	Sí	Sí		
José				
María F.	Sí	Sí	Sí	
Cristóbal				
Antonio S.	Sí			

Aroa A., sigue un ritmo aceptable y progresa adecuadamente, Angel F. conoce bien todos los vocabularios y no muestra problema alguno.

De la misma manera que nuestros alumnos deben aprender las tablas de multiplicar para que puedan solucionar las operaciones de una forma rápida y segura, también en lenguaje habremos de conseguir que conozcan el vocabulario básico que se les va proporcionando.

Si continuamos con el paralelismo establecido con las tablas de multiplicar, diremos que de la misma manera que hay que preguntarlas una y otra vez, y volver a ellas de vez en cuando si sospechamos que se han "oxidado", deberíamos plantearnos el estudio del vocabulario básico desde un punto de vista similar. Aunque habrá alumnos que una vez "vista" una palabra no la olvidarán jamás, otros tendrán que "repasar" varias veces hasta llegar a integrarlas.

He aquí una muestra de una lista de diez palabras de Vocabulario Básico para 3° de Primaria:

       amigo
       vez / veces
       feliz / felices
       también
       hombre
       viejo
       vestido
       ahora
       aquí
       allí

Proponemos que cada alumno disponga de una cajita en cuyo interior guarde unas fichas. En cada una de ellas figurará una palabra del vocabulario básico que desea estudiarse.

Cuando sea el momento de trabajar ortografía pediremos a los alumnos que se pregunten las palabras de las fichas por parejas siguiendo la **fórmula "2+1 y repetir"** que se concreta del siguiente modo:

Los miembros de la pareja intercambian sus cajas de palabras y se preguntan mutuamente por riguroso turno, una palabra de la caja. Las dos primeras preguntas son libres, aunque acostumbran a ser del estilo de: "¿Barco se escribe con b o con v?", "Deletréame la palabra barco", "¿Cuál es la letra difícil de barco?", etc.

Después de las dos primeras preguntas libres se realizará una última pregunta que siempre es la misma: "¿puedes deletrear la palabra al revés?".

El objetivo de deletrearla al revés es asegurar un proceso visual ya que nadie puede hacer este ejercicio sin "ver" la palabra. ¿Seríamos capaces de deletrear al revés el nombre de nuestra localidad sin ver interiormente la palabra? Si lo probamos nos daremos cuenta de que es imposible. **Deletrear al revés asegura la visualización de las palabras,** es decir asegura un proceso mental adecuado.

Si las dos preguntas iniciales y esta última obligatoria se han contestado correctamente se hará una marca en la ficha (una simple cruz a lápiz puede servir) y se dejará en el fichero para volver a preguntarla en otra ocasión. Cuando se observa que ya tiene la marca de haber sido sabida en otra sesión podemos eliminar la ficha de la caja de palabras. La damos por aprendida.

Como se ve, con este tipo trabajo es posible sistematizar y individualizar el estudio del vocabulario básico. El ejercicio no tiene una excesiva duración, ya que se hace por parejas, y asegura un seguimiento total a cada uno de los alumnos, mucho más si al término de cada sesión el profesor pregunta a cada pareja la cantidad de palabras que han sido superadas, las eliminadas de la caja y el número de las que permanecen en la misma.

Naturalmente, cada semana se pueden introducir más palabras en la caja, aunque sugerimos que nunca hayan demasiadas en relación a la edad de nuestros alumnos y de su capacidad.

Cuando preguntemos o evaluemos estas listas, los alumnos deben conocer no sólo la totalidad de las letras sino también los acentos, ya que consideramos las palabras como imágenes, o unidades globales que se captan esencialmente por el canal visual. No hay razón para considerar que "el acento no cuenta". Asimismo, exigiremos que en las palabras que siempre se escriben con mayúscula, como Elche, este detalle no sea olvidado.

Obsérvese que la lista anterior está compuesta de palabras invariables (aquí, ahora, allí) o que solamente varían en género y número (Viejo/vieja, feliz /felices). Hasta cuarto de Primaria aproximadamente, todas las listas serán con este tipo de palabras. Si se incluye algún verbo, será en una forma concreta que representa una dificultad específica que se repite con gran frecuencia, como por ejemplo:

      voy
      iba
      dijeron...

A partir del momento en que se estudian los verbos y sus diferentes formas, se pueden incluir los infinitivos en las listas de vocabulario, como por ejemplo:

      hablar
      volar
      cambiar
      beber
      vivir...

Para comprobar si saben estas palabras, podemos preguntar cualquier forma verbal, pero no exigiremos que conozcan la colocación de la tilde en estas formas verbales hasta tanto no hayan estudiado las normas de acentuación. Así por ejemplo podemos preguntar: "vivía", ¿se escribe con b o con v? y la respuesta deberá ser "las dos con v". Sin embargo, no exigiremos el acento de la i hasta que la acentuación haya sido estudiada. O por ejemplo preguntaremos: "de volar, ¿cómo se escribe "volé"? La respuesta correcta será "con v" en un primer nivel, y "con v y acento en la e" una vez estudiada la normativa de la acentuación.

De la misma manera, el pasado de los verbos terminados en -aba, abas -aba -ábamos -abais -aban debe trabajarse antes de ser exigido. Este es un conocimiento que debe ser adquirido mediante una regla, ya que se trata de una regla netamente rentable que puede aplicarse a innumerables palabras y no tiene excepción alguna.

Hay unos pocos verbos que deben estudiarse conjuntamente puesto que su escritura es muy similar y se confunden muy frecuentemente, como por ejemplo "echo" y "hecho", "grabar" y "gravar". Habrá que vincular cada grafía a su significado específico puesto que el signo que diferencia una palabra de la otra no reposa en su fonética sino en su significada.

En la propuesta de programación para primaria (capítulo 13), se encuentran explicitados los distintos vocabularios. Naturalmente deberán adaptarse a las características y necesidades de su entorno, pero aún así, esperamos haber brindado una importante ayuda.

3. VOCABULARIO PERSONAL

El vocabulario básico citado hasta ahora representa el conjunto de palabras que originan estadísticamente el mayor número de errores ortográficos en la población escolar y son de uso habitual o frecuente.

Sin embargo, cada alumno tendrá tendencia a utilizar unas palabras con más frecuencia que otras, muchas de ellas estarán incluidas en el vocabulario básico general, pero habrá otras que no. Por ejemplo:

Ana, una alumna de quinto, manifestaba una alto grado de interés por los dinosaurios, continuamente utilizaba un vocabulario específico para referirse a ellos en sus textos, sus relatos personales, etc. Para ella cualquier palabra vinculada al mundo de los dinosaurios era una palabra de su vocabulario básico, aunque muchas eran infrecuentes y difíciles para cualquier profano en la materia.

Mercedes tenía una gran predilección por el mundo de los deportes invernales. Así pues, en todas las actividades de creación literaria personal aparecía todo un vocabulario vinculado al tema, incluso cuando exigíamos escribir sobre un tema en concreto, acostumbraba a derivar hacia su afición personal. Si se trataba de una historia de detectives, aparecía una persecución en esquí alpino, si se trataba de las vacaciones, por supuesto, aparecía un trekking en el Himalaya...

Concretando: si Luís, que está en tercero, explica "fui al gimnasio con mi papá y mi amigo Jorge y en la piscina había un partido de waterpolo, que es el deporte que me gusta más" es evidente que está utilizando varias palabras que no están en el vocabulario básico. como "Jorge" y "waterpolo" y que probablemente van a aparecer frecuentemente en sus escritos. Estas palabras forman parte de su vocabulario personal.

Así pues, consideramos que es "vocabulario personal" el conjunto de palabras, formen o no parte del vocabulario básico que utiliza con mayor frecuencia un alumno en sus producciones escritas libres.

Normalmente, los alumnos que han realizado el trabajo de incremento de su memoria visual tal como explicamos en el capítulo 9 y que, posteriormente, trabajan las listas del vocabulario básico vienen a preguntar cualquier palabra de la que no tengan imagen. Tales palabras, si son relativamente frecuentes y motivan errores ortográficos, deberían trabajarse de una forma sistemática hasta su total dominio. Así conseguiríamos que cada persona, además del vocabulario básico general, dominase su propio vocabulario personal, aquel que tiene mayor tendencia a utilizar.

El problema es el siguiente: ¿Cómo sistematizar la enseñanza individualizada de vocabularios personales en los grupos clase? ¿Cómo controlar que cada alumno mejora en el dominio de **su** vocabulario personal si tenemos más de veinte alumnos y cada uno de ellos un vocabulario distinto a dominar?

3.1. Formas de sistematizar los vocabularios personales en los grupos clases

Una forma de conseguirlo es utilizar la técnica DOS MAS UNO Y REPETIR de la cual hemos hablado anteriormente.

Otra técnica muy similar que citan Anna Camps, Marta Milian, Montserrat Bigas y Monterrat Camps (1989) es la Caja de Palabras: "cada alumno tiene una caja con dos departamentos. Uno rojo y otro verde.

Cada vez que comete algún error en sus escritos o quiere recordar una palabra que desconoce, la escribe en una ficha que introduce en la caja. Es preferible no introducir más de dos palabras por día.

El alumno puede 'estudiar' estas palabras siempre que tiene un momento para hacerlo durante la semana.

Una vez por semana se hace el control. Cada dos alumnos forman una pareja. Uno coge la caja del otro y le dicta las palabras. Si las palabras están bien escritas pasan a la parte verde de la caja. Las que no se han escrito bien vuelven a la roja.

Después los alumnos se cambian entre ellos: quien dictaba ahora escribe. Inicialmente sólo se dictan tres o cuatro palabras por sesión y se va aumentando progresivamente hasta un máximo de diez palabras por sesión.

Una vez cada quince días se cogen las palabras de la parte verde y se hace un repaso dictando algunas. Cuando están muy seguras se pueden eliminar.

Además de este uso individual, la caja también tiene una función colectiva. Permite al profesor saber que palabras conllevan más dificultades y ver cuáles son las más generales por si desea trabajarlas colectivamente o en grupos."

3.2. Cómo individualizar el seguimiento de los vocabularios personales

La forma de ayudar a cada alumno a que mejore en su propio vocabulario cacográfico personal, es seleccionar de entre las palabras corregidas de redacciones y trabajos escritos que se hagan durante la semana, sean o no del área de lenguaje, aquellas que deberá aprender prioritariamente.

Es importante atender a la diversidad de los alumnos y una forma de hacerlo es señalar a cada uno el máximo número de palabras que va a tener en su caja. Esta cantidad variará según la edad y capacidad de cada cual. Así por ejemplo:

Juan, que cursa 4º de primaria y manifiesta muy buenas capacidades ortográficas llena su caja con 20 palabras, que se renuevan a medida que las va sabiendo. Cuando saca 8 palabras de su caja porque ya tienen las dos marcas, pone 8 nuevas.

Sin embargo Andrea, en la misma clase, y debido a sus múltiples dificultades en Lengua, solamente tiene 10 palabras que aprender y que también va renovando paulatinamente. Aunque Andrea reciba una redacción corregida en donde están señalados 33 errores, solamente hará ficha de 10, si tiene la caja vacía, o de 2 si tiene todavía 8 palabras dentro.

4. VOCABULARIOS ESPECÍFICOS: INCORPORACIONES TEMÁTICAS

A lo largo de cada curso surgen palabras específicas de diferentes áreas como pueden ser: paralelogramo, polígono, convexo y cóncavo, valle, umbría, volcán, etc. Estas palabras con diferentes dificultades ortográficas deben trabajarse de la misma manera que el vocabulario personal o básico.

Sería contraproducente que el aprendizaje ortográfico sólo se abordase desde el área de lengua, naturalmente el profesor de matemáticas o de naturales, etc., deberían exigir una correcta escritura de los vocablos que surgen como novedad en sus materias. Esto es fácilmente asumible en Primaria ya que generalmente cada curso tiene un único tutor, pero es algo a tener muy en cuenta en Secundaria.

5. LECTURA Y ORTOGRAFÍA: UNA PROPUESTA

Ya sabemos que la lectura siempre incrementa el vocabulario del lector, pero si, además, éste tiene incorporada de forma inconsciente el proceso ortográfico visual, aumentará también su vocabulario ortográfico personal. Esto sucederá siempre, no importan los demás factores: se aprende igual leyendo una revista que un libro, leyendo por placer que por estudio, en la clase o en la piscina... Naturalmente hay diferencias literarias importantes entre García Márquez y una revista del corazón, pero estas diferencias son inexistentes a nivel ortográfico.

Para facilitar el incremento de vocabulario ortográfico del que hablamos, debemos aconsejar a nuestros alumnos que cuando realicen una lectura por su cuenta se detengan un momento ante cualquier palabra que les sorprenda por su ortografía. Esto les va a resultar fácil, ya que su sentido cinestésico estará más educado y reconocerán con facilidad las palabras que todavía no conocen con seguridad, gracias a las actividades realizadas en clase para el dominio de la estrategia ortográfica.

Cuando la lectura se realice en clase de forma colectiva, indicaremos a nuestros alumnos que señalen con el lápiz aquellas palabras que les parezcan ortográficamente complejas o dificultosas. Posteriormente, podemos realizar actividades o juegos diversos que les lleven a comprobar el dominio de tales palabras, algunos de los cuales vamos a comentar más adelante.

Lo fundamental de nuestra propuesta es ayudar al alumno a concienciarse de que a través de la lecturas podemos, además de pasarlo bien y obtener información, adquirir una gran cantidad de léxico con el que trabajar para enriquecer nuestro vocabulario ortográfico personal.

¡Atención! ¡No vayamos a conseguir que aburran la lectura! De esta propuesta no podemos abusar, hay que utilizarla con tino y en momentos muy concretos.

6. DOMINIO DE LAS REGLAS DE MAYOR RENDIMIENTO

Está claro que una parte importante del tiempo dedicado al aprendizaje ortográfico se debe invertir en el estudio de las palabras que conforman los distintos vocabularios y que, cuando se dominan, producen una importante disminución de las faltas ortográficas en nuestros alumnos.

Otra parte del tiempo de ortografía, sin embargo, debe dedicarse al conocimiento de las reglas ortográficas de mayor rendimiento, esto es, reglas que incluyen un gran porcentaje de palabras y que carecen, prácticamente, de excepciones.

En nuestra opinión, estas normas son:

Mayúsculas.
C-QU.
R-RR.
G-GU.
B + consonante.
Illo-illa.
M antes de P/B.
Finales en t - d- z y sus plurales.
Verbo haber.
Pretérito imperfecto en -aba.
Hie-hue.
Partición de palabras.
Acentuación.
Homófonos.

Evidentemente debemos ofrecer las normas con un vocabulario y presentación adecuadas a la edad de los alumnos a quienes van dirigidas. Por ejemplo, una norma tan sencilla y aplicable como: "todos los pasados de los verbos cuando terminan en aba, abas, abamos, abais aban... siempre se escribe con b". Se convierte en algo críptico, ininteligible y misterioso para un alumno de tercero o cuarto curso si se formula de la siguiente manera: "las desinencias verbales de los pretéritos imperfectos de indicativo de los verbos de la primera conjugación se escriben con b".

Naturalmente, todas las normas deben trabajarse hasta automatizarse en la escritura. No basta con memorizarlas, debemos trabajarlas hasta queden perfectamente integradas. De manera que podamos evitar la expresión que tantas veces hemos oído: "Conoce las normas, pero no las aplica".

Las normas sólo se conocen si se aplican.

En el capítulo 14 están recogidas en lenguaje muy simplificado la mayoría de las normas que aquí hemos enunciado como imprescindibles. Esperamos que también sean un buen punto de partida para hacer la adaptación que cada centro considere más oportuna. En el capítulo 13 hacemos una propuesta de programación para Primaria que distribuye todas estas reglas no sólo por cursos sino también por trimestres a la par que propone también una programación concreta de vocabulario.

7. GRADACIÓN DEL TRABAJO ORTOGRÁFICO

Todos los pasos expuestos anteriormente necesitan de una introducción gradual. Lo recomendable será no añadir una dificultad nueva sin que la anterior haya sido plenamente incorporada por todos los alumnos y nosotros nos sintamos totalmente seguros de que también dominamos su dinámica. Para algunos grupos-clase tres semanas después de introducir el vocabulario básico podrá añadirse el vocabulario personal, y tres semanas después algún vocabulario específico. Quizá incluso pueda añadirse en poco tiempo algún trabajo puntual con el libro de lectura. Sin embargo en otros grupos de estudiantes el ritmo será distinto y puede llegar a ser preciso mucho más tiempo. Lo fundamental no es correr sino avanzar con seguridad.

Concretamente el orden de los pasos debe ser el siguiente:
- Asegurar que todas las personas de la clase conocen la estrategia ortográfica adecuada.
- Introducir el estudio del vocabulario básico mediante la caja de palabras y la técnica "dos más uno y repetir ".
- Trabajar las normas ortográficas que deben simultanearse con el aprendizaje del vocabulario básico.
- Posteriormente iniciar el estudio del vocabulario personal usando también la caja de palabras.
- Finalmente introducir los Vocabularios específicos.
- En último lugar, completar el trabajo ortográfico a través de la lectura.

8. TÉCNICAS PARA AYUDAR A INTERIORIZAR LA IMAGEN DE LAS PALABRAS

8.1. Espacio tutorial

La tutoría es un espacio académico a través del cual el profesor tiene la oportunidad de ofrecer a sus alumnos un ámbito de reflexión sobre su propio aprendizaje. Dentro de este espacio es fundamental abordar las técnicas de estudio que nos permitan asegurar un rendimiento elevado de nuestros alumnos.

Aquí nos referiremos a aquellos ejercicios que tienen por finalidad ayudar a interiorizar fácilmente la imagen de las palabras.

8.1.1. Ejercicios individuales o personales

Listaremos y explicaremos una serie de técnicas que son muy útiles para trabajar el vocabulario ortográfico tanto en clase como individualmente. Todas las técnicas que citaremos han demostrado su validez ayudando a numerosos alumnos a interiorizar el vocabulario que estudiaron. Cabe destacar, sin embargo, que cada estudiante ha preferido unas en especial, por lo tanto es importante animarlos a probarlas todas hasta encontrar las que se ajustan mejor a su canal preferente de aprendizaje.

A. TÉCNICAS DE MEMORIZACIÓN

1. Mirar la palabra sin decirse las letras. Cerrar los ojos y continuar "viéndola".

Al mirar la palabra sin decirse las letras, se está obligando al cerebro a guardar únicamente información visual, justamente la que se necesita para la ortografía. El hecho de cerrar los ojos y seguir viéndola es para comprobar que la información ha llegado.

2. La misma técnica anterior pero viendo la palabra en el color que el alumno prefiera.

El hecho de imaginarla en su color favorito, le obliga a trabajar en el ámbito visual sin que pueda deslizarse hacia lo auditivo.

3. Imaginar escrita en el aire la palabra que se acaba de mirar en el papel. La palabra hay que imaginarla en la "pantalla mágica" de cada cual. (En el capítulo 7 explicamos extensamente la relación entre posición ocular y procesos mentales).

4. Imaginar la palabra escrita en el aire y reseguirla, también en el aire, con los dedos índice y anular al mismo tiempo. Es una técnica útil porque vincula a la imagen una sensación corporal de refuerzo.

5. Escribir con el índice la palabra en el aire, como si el aire fuera una pizarra y el dedo la tiza. Mientras se escribe, hay que visualizar la palabra.

Esta variante, igual que la anterior, ayuda a las personas que son cinestésicas, es decir, que memorizan mejor aquello que perciben a través de las sensaciones corporales.

6. Si una palabra resulta difícil o es demasiado larga, se puede aislar mentalmente la parte que resulta difícil y memorizarla utilizando cualquiera de los recursos explicados.

7. Otra posibilidad es escribir imaginariamente en el aire la parte difícil de una palabra en un color o tamaño distinto al resto.

8. Que el alumno se imagine a sí mismo escribiendo correctamente la palabra en diferentes ámbitos al tiempo que experimenta una sensación positiva: en una pizarra muy grande, en un examen, en un concurso de televisión, en su ordenador...

Esto refuerza el aprendizaje visual vinculándolo a una sensación positiva.

9. Confeccionar un fichero. En cada ficha puede figurar una palabra. En el reverso de la ficha figura la misma palabra pero sin las letras que pueden inducir a error. El ejercicio consiste en mirar los reversos de las fichas e imaginar la letra que falta. Se puede comprobar la corrección instantáneamente girando la fichas.

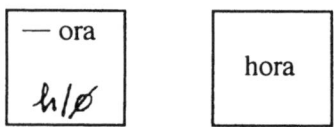

10. Otra forma de memorizar aquellas palabras que son difíciles es incorporando un dibujo que tenga que ver con el significado de la palabra, es decir, elaborando un ideograma. Así se puede convertir una palabra en una imagen pictórica mucho más fácil de recordar que la mera abstracción de la palabra.

11. Cuando se haga la foto mental de la palabra con cualquiera de los recursos anteriores, se puede nombrar la letra que resulta difícil. Así se añade, como refuerzo, el nombre de la letra.

Este ejercicio es especialmente útil para los alumnos que tienen preferencia por el canal auditivo como puerta de entrada para su aprendizaje.

12. Este recurso es muy útil cuando el alumno queda atascado en determinadas palabras de las que olvida una y otra vez su escritura. Para solucionar este problema escribirá la palabra que le cuesta junto a otra que sea parecida en cuanto a escritura y que domine perfectamente. Memorizará las dos a la vez como si fuesen una unidad.

extranjero-relojero	caballo cabello cebolla

13. Deletrear la palabra empezando desde el final y a continuación hacerlo desde el principio. Como hemos explicado repetidamente, la finalidad de deletrear a la inversa es obligar a estar "mirando" la palabra en cuestión, nadie puede deletrear al revés sin "ver" mentalmente la palabra.

14. El profesor lee lentamente un fragmento a modo de dictado, que los alumnos pueden haber estudiado previamente y se detiene en aquellas palabras que desea preguntar. Solicita a un estudiante que deletree en voz alta la palabra preguntada. Los demás escuchan atentamente y si consideran que se ha equivocado, la anotan. Para corregir, simplemente se ponen en común las palabras anotadas.

3.1.2. *Para toda la clase o en pequeño grupo*

A. JUEGOS

Podemos dedicar algunas sesiones de trabajo ortográfico a realizar un taller de juegos para mejorar la ortografía. Hacemos hincapié en algo muy conocido: lo motivadores y útiles que son todo tipo de juegos y concursos para los alumnos, siempre y cuando no sean un estímulo excesivo para la competitividad.

Proponemos simples adaptaciones de las reglas habituales de dos juegos muy conocidos: el parchís y la oca, con la finalidad de utilizarlos en el aprendizaje que nos ocupa.

A.1. El parchís ortográfico

Material: el parchís, fichas, dado, papel, lápiz y una o más de las listas del Vocabulario Básico o las cajas de palabras personales intercambiadas entre los jugadores de forma que ningún jugador tenga la suya.

Reglas: sólo se puede avanzar si antes se escribe correctamente la palabra que pregunta el jugador de la derecha del que acaba de tirar.

La manera más ágil de jugar, será disponiendo cada jugador de papel y lápiz para escribir la palabra cuando le pregunten. Los demás la comprueban lista en mano. Evidentemente, el que es preguntado no puede mirar la lista.

Variantes:

Variante 1: una pregunta cada vez que se tira el dado. Si no se sabe, no se avanza.

Variante 2: una pregunta por cada casilla que se vaya a avanzar. Cuando se falla, se retrocede dos casillas. Retrocediendo nunca se puede matar, pero sí morir.

Variante 3: si el dado marca 1 o 2, 1 pregunta. Si marca 3 o 4, 2 preguntas. Si marca 5 o 6, 3 preguntas.

Cuando se falla, lo mismo que en la variante 2.

Variante 4: si se aciertan 3 preguntas seguidas, una casilla de regalo.

En cuanto al resto, se pueden jugar al parchís con las normas de siempre.

A.2. Oca ortográfica

La ventaja de la oca frente al parchís, es que las partidas son más rápidas.

Sugerimos que después de cada tirada, se pregunte una palabra. Si no se acierta tal palabra, no se puede mover excepto si es para caer en la posada, la muerte, la cárcel y todas las casillas negativas. Para salir deben acertarse dos palabras y esperar al siguiente turno. En caso de no haberlas acertado volverá a intentarse en la ronda siguiente hasta que se acierten.

B. CONCURSOS

Otra posibilidad muy motivadora y mucho más ágil que los juegos de mesa son los concursos. Su eficacia y fuerza motivadora están fuera de toda duda.

También cabe señalar que algunos de estos concursos son un magnífico recurso para ocupar aquellos 5 o 10 minutos que a veces quedan justo antes de salir de clase.

B.1. Concurso por equipos

Se organizan equipos de 4 a 6 jugadores.

Todos los jugadores dispondrán de un mismo texto. Tendrán un tiempo (entre 8 y 10 minutos) para memorizar las palabras que no conocen.

Se pueden reservar en la pizarra tantos espacios como equipos van a intervenir.

El profesor llama al encerado a un miembro de cada equipo simultáneamente y dicta una de las palabras del texto con dificultad ortográfica. La misma operación se repite con los otros miembros de los equipos que salen uno a uno hasta que se termina el juego y se contabilizan los aciertos de cada equipo. Gana el equipo con mayor número de puntos. La duración aproximada de este concurso es de entre un cuarto de hora y veinte minutos.

B.2. Concurso individual

Todos los jugadores dispondrán de un mismo texto. Tendrán un tiempo (entre 8 y 10 minutos) para memorizar las palabras que no conocen.

La clase se parte en dos mitades: los que preguntarán palabras del texto y los que las deletrean. Estos últimos están de pie y se sientan cuando aciertan dos palabras. Pierden las tres personas que se sientan en último lugar. A continuación se invierten los papeles y sólo repiten los que no han podido sentarse. La ventaja adicional de este juego es que las personas con mayores dificultades practican más que las otras. El tiempo aproximado de duración es de unos quince o veinte minutos.

Variante 1: no se estudia ningún texto, sino que se pregunta directamente de las listas de palabras que se estén trabajando en clase como vocabulario básico. El tiempo aproximado de esta variante es de 5 o 10 minutos.

Variante 2 (para equipos): toda la clase está de pie y es el profesor quién pregunta. Gana el equipo que consigue tener antes a todos sus miembros sentados. Los tiempos aproximados son los mismos.

Naturalmente, cualquier profesor puede encontrar nuevos juegos y concursos y múltiples variantes a los ya expuestos, o usar algunos existentes en el mercado como el "Scrable", "Cifras y letras".

NOTA: Existen unos cuadernos ortográficos que siguen esta metodología de forma completa y graduada. Puede solicitarse información al editor o a los autores.

CAPÍTULO X
EVALUACIÓN DEL TRABAJO ORTOGRÁFICO

Hasta el momento hemos propuesto una actuación sistemática basada en tres pilares fundamentales: el vocabulario (básico, personal y específico), la normativa y las técnicas de estudio.

La evaluación de los dos primeros aspectos (vocabulario y normativa) será un fiel reflejo del aprendizaje realizado y de la utilidad de las técnicas de estudio empleadas.

Para evaluar proponemos una doble vía:
- una referida al conocimiento del vocabulario (básico, personal y específico).
- y otra al uso de la normativa estudiada.

Deberemos comprobar la aplicación de ambas en la escritura cotidiana, no solamente en el área de lengua sino en otros ámbitos. No nos interesa tanto constatar si una norma se ha memorizado como asegurarnos de que se ha incorporado a la escritura. De la misma manera que el conocimiento de las tablas de multiplicar no es relevante si luego no se sabe hacer una multiplicación, solamente escribiendo podemos demostrar que sabemos escribir.

1. VOCABULARIO: FORMA BÁSICA DE EVALUACIÓN

La evaluación del vocabulario básico es decir, aquel que se utiliza con más frecuencia en las producciones escritas y cuyo dominio supondrá una reducción drástica en el número de sus errores, debe realizarse a partir de un texto de producción personal. Dicho texto puede ser tanto del área de lengua como de cualquiera otra, siempre y cuando haya sido elaborado de forma individual. De este modo podremos evaluar también el vocabulario personal, es decir aquel que cada uno tiene más tendencia a usar en sus escritos personales y que cambia de un alumno a otro.

La evaluación será más fiable si el texto se ha escrito sin que el alumno piense que va a ser puntuado desde un punto de vista ortográfico.

Para corregir tendremos en cuenta que cada palabra es una unidad. Esto quiere decir que aún cuando hubiera varios errores en un vocablo, sólo contarían como una falta, ya que partimos de la base, tal como ya hemos dicho anteriormente, que una palabra es una imagen global.

Una vez corregidas y señaladas todas las palabras con errores, obtendremos el tanto por ciento de faltas aplicando la fórmula

$$\frac{n° \text{ de errores} \times 100}{n° \text{ de palabras del texto}}$$

A efectos prácticos, se puede pedir a los alumnos que ellos mismos cuenten el número de palabras del texto y las anoten a pie de página o donde el profesor indique, cosa que nos va a simplificar la tarea. Incluso, a partir de cuarto, ellos mismos pueden obtener el tanto por ciento una vez corregidos los errores.

Vale la pena ir anotando los diferentes tantos por cientos de cada alumno para constatar su progreso, y evaluar a cada persona con respecto a sus propios avances. Evidentemente, esto quiere decir que debemos partir de una evaluación inicial que será nuestro punto de referencia para constatar la evolución posterior.

Con la práctica se observa que en cursos iniciales resulta difícil establecer los tanto por cientos, porque el número de palabras escritas es relativamente escaso. Lo que debe hacerse es controlar que el vocabulario básico se está aprendiendo y se escribe bien.

Cuando corregimos un texto, habrá que señalar todos los errores pero distinguiendo entre los que el alumno debería dominar porque se trata de vocabulario básico o normativa ya trabajada en clase y aquellos que no han sido trabajados todavía. Así, si en tercero alguien escribe "hubiéramos" sin acento, se corrige (puesto que siempre merece la pena corregirlo todo, o al menos indicar los errores) pero no se le señala como algo que deba estudiarse o introducirse en su "caja de palabras". Sin embargo, en sexto esto no será así porque ya habremos trabajado la acentuación.

Supongamos que el siguiente texto ha sido escrito por un alumno de tercer curso de Primaria.

"Había una bez un principe que estava en la bentana esperando a su princesa que se llamava Enrriqueta y..."

En sus listas de vocabulario ya ha aparecido "había una vez" y como norma ya debería saber que sólo se escribe "rr" en sonido fuerte entre vocales.

Así pues, aunque debamos marcar todos los errores usaremos dos tipos de marcas:
- una para palabras que deben ser estudiadas hasta su dominio, ya que pertenecen al vocabulario básico que deberían dominar, y
- otra marca para el resto de las palabras mal escritas.

Por lo tanto pondremos, por ejemplo, un círculo en "en vez" y "Enriqueta" (palabras que ya deberían dominar), y un rectángulo en todas las demás palabras mal escritas: "Príncipe", "bentana" y "estava" (palabras que este alumno no conoce todavía).

El cómputo total será, pues, de 5 errores:
1. Una vez
2. Príncipe
3. Estaba
4. Ventana
5. Enriqueta

2. VOCABULARIOS BÁSICOS: DOS POSIBLES FORMAS DE EVALUACIÓN COMPLEMENTARIA

La comprobación de que se ha adquirido el vocabularios básico la podemos hacer fundamentalmente de dos maneras: oralmente o por escrito.

Si queremos hacerlo oralmente, preguntaremos a nuestros alumnos un número determinado de palabras que decidamos. Ellos deberán responderlas demostrando conocer la dificultados ortográfica que contengan. Por ejemplo, una preguntas adecuadas serían:

barco, ¿con b o con v?
abuelo, ¿con ache o sin ache?
allí ¿lleva acento?, en caso afirmativo, ¿sobre qué letra?
etc.

La ventaja principal de esta modalidad es la agilidad. De las listas que ofrecemos a nuestros alumnos (de unas diez palabras cada una) bastará con hacer cuatro preguntas para determinar con bastante fiabilidad si las ha aprendido o no.

Otra ventaja es que al mismo tiempo que se pregunta a unos, los demás, simultáneamente, van repasando y constatando lo que saben.

También cabe señalar que se puede hacer sin necesidad de preparar nada previamente ni corrección posterior, solamente hay que tomar nota de los que lo hacen bien. Al ser una prueba tan ágil y sencilla puede hacerse en cualquier momento.

En el caso de que decidamos una evaluación escrita, podemos preparar unos listados como los siguientes:

— entana (v, b).
— a - er (h, o) (i, y, ll).
— entilador (b, v).
— ami -o (h, o) (g/gu).
— etc.

Con el uso de ordenadores esta tarea se simplifica extraordinariamente, aunque la preparación previa es necesaria, así como su corrección posterior.

3. EVALUACIÓN DEL VOCABULARIO ESPECÍFICO

El vocabulario específico, es decir, el de las distintas asignaturas o el propio de un tema concreto que hemos trabajado en clase puede ser evaluado de la misma manera: por escrito o oralmente.

4. EVALUACIÓN DE LA NORMATIVA

Es útil e importante realizar pruebas específicas para comprobar el aprendizaje de los aspectos ortográficos más vinculados con la gramática o la acentuación. Así, por ejemplo, podríamos examinar si se domina el uso de:

porque / por qué
cómo / como
hecho / echo,
etc.

Como ya hemos indicado, el aprendizaje de una norma por sí misma no tiene, para nosotros, valor ninguno. Su utilidad debe reflejarse en la escritura, por lo tanto, al evaluar los textos, automáticamente deberemos tener en cuenta los aspectos normativos que hayamos abordado.

TERCERA PARTE
PROPUESTAS DE PROGRAMACIÓN

CAPÍTULO XI
PROPUESTA DE PROGRAMACIÓN PARA PRIMARIA

1. INTRODUCCIÓN

La siguiente propuesta quiere animar vivamente a que se establezcan discusiones sobre contenidos ortográficos y secuenciación de los mismos en los claustros. De este modo se puede facilitar su implantación de forma coordinada en todos los ciclos escolares que conforman una escuela.

Queremos hacer énfasis en la grandes ventajas de establecer una programación coordinada a lo largo de toda la escolaridad. Haciéndolo así, no solamente se tiene la seguridad de estar abarcando todos los contenidos de forma ordenada, sino que, además, los esfuerzos sumados multiplican los beneficios para los alumnos y su mejora ortográfica.

He aquí una propuesta de secuenciación de los contenidos ortográficos para primaria que tiene presentes las aportaciones teóricas anteriores y que podrían concretarse en los siguientes puntos:

1.1. Enseñar una estrategia ortográfica visual

Tal como se ha explicado en los capítulos 9 y 10, resulta imprescindible trabajar la memoria visual de nuestros alumnos. El objetivo central de ello es que tengan la capacidad de recuperar las palabras que deseen escribir como imágenes, es decir, como unidades globales con significado propio y sujetas a la arbitrariedad de la lengua.

1.2. Partir del vocabulario básico

Trabajar a partir de las palabras que mayor número de errores producen implica reducir el punto más conflictivo de la ortografía. Tal como explicamos en el capítulo 11 de este libro, nuestra propuesta pasa por trabajar el vocabulario personal de cada alumno, y también por sistematizar el vocabulario que, en general y estadísticamente, produce el mayor número de errores.

Este último vocabulario debe quedar claramente definido y distribuido por los distintos cursos escolares para evitar solapamientos y lagunas.

1.3. Complementar con las normas imprescindibles

También proponemos abordar el estudio de las normas ortográficas más rentables, o sea, aquellas que abarcan un elevado número de palabras y carecen, prácticamente, de excepciones.

Hemos distribuido dichas normas a lo largo de la primaria asegurándonos que el nivel evolutivo de los alumnos sea el adecuado para comprender el tema que se aborda. Ello explica por qué los temas más complejos no se proponen hasta los últimos cursos.

Esta propuesta puede ser muy útil para aquellas escuelas que decidan adoptar nuestro método de trabajo ortográfico. Así, pueden tomarla como punto de partida para discutirla y adaptarla a la realidad de su centro.

2. PRIMERO DE PRIMARIA (APROXIMADAMENTE)

- Consolidar el aprendizaje de la lecto-escritura.
- Debe trabajarse la memoria visual de los niños con el máximo de recursos disponibles: "buscar la diferencia", "memory", juegos de observación...
- Fomentar la conciencia de que, muy a menudo, el sonido de una palabra no está unívocamente relacionado con su escritura.
- Iniciar en el uso de las mayúsculas: en nombres de personas y al empezar un escrito.
- Exigir la correcta escritura del propio nombre y apellidos, con las mayúsculas y acentos en el caso de que los tuviese.

3. SEGUNDO DE PRIMARIA (APROXIMADAMENTE)

3.1. 1er trimestre

- Asegurar los objetivos de 1er curso de primaria.
- C/QU G/GU R/RR Z/C.

3.2. 2º trimestre

- Aprendizaje de la estrategia ortográfica visual. 10/20 palabras del vocabulario básico.
- Mayúscula en nombres propios y después de punto.

Había una vez	demás
hombre	aquí
también	allí
siempre	bastante
iba	bien
a veces	bueno
barco	colegio
vacaciones	deberes
arriba	hermano/a
abajo	trabajar

3.3. 3er trimestre

- 50 palabras del vocabulario básico (Incluyendo las 20 anteriores).
- M antes de B y antes de P.

había una vez	además	así	hay		autobús
hombre	aquí	ahora	invierno		avión
también	allí	amigo/a	verano		ambulancia
siempre	bastante	hoy	primavera		bicicleta
iba	bien	ayer	otoño		carrera
a veces	bueno	entonces	yo		fútbol
barco	colegio	después	ya		balón
vacaciones	deberes	día	caballo		juego
arriba	hermano/a	dibujo	escribir		columpio
abajo	trabajar	hasta	redacción		Navidad

4. TERCERO DE PRIMARIA (APROXIMADAMENTE)

4.1. 1er trimestre

- Nº palabras Vocabulario Básico: 50 (Repaso del curso anterior). Mayúscula al comenzar un escrito.
- Mayúscula después de punto.
- B + consonante (puede consultarse el Anexo "Normativa ortográfica imprescindible", apartado primero de "Siete normas amplias y seguras").

había una vez	además	así	hay	autobús
hombre	aquí	ahora	invierno	avión
también	allí	amigo/a	verano	ambulancia
siempre	bastante	hoy	primavera	bicicleta
iba	bien	ayer	otoño	carrera
a veces	bueno	entonces	yo	fútbol
barco	colegio	después	ya	balón
vacaciones	deberes	día	caballo	juego
arriba	hermano/a	dibujo	escribir	columpio
abajo	trabajar	hasta	redacción	Navidad

4.2. 2º trimestre

- Nº palabras Vocabulario Básico: 50 (Total acumulado: 100).
- Mayúscula: lugares y establecimientos.
- Mayúscula: marcas y títulos.
- Terminaciones en ILLO/ILLA (puede consultarse el Anexo "Normativa ortográfica imprescindible, apartado quinto de "Siete normas amplias y seguras").

agujero	marrón	maravilloso/a	ahí	fui
caja	verde	hormiga	excursión	guitarra
feliz/felices	rojo	árbol	frío	mayor
galleta	amarillo	abeja	gitano/a	muy
gente	azul	bosque	gorra	quería
hora	blanco/a	burro	guerra	queso
jefe	nieve	cigüeña	importante	zanahoria
jersey	lluvia	selva	rey/reina	guisante
canguro	nube	oveja	viejo/a	huevo
máquina	tiempo	ciervo	bonito	cebolla

4.3. 3er trimestre

- Nº palabras Vocabulario Básico: 50 (Total acumulado: 150).
- ¿Qué es la tilde? (Se puede consultar el Anexo "Normativa ortográfica imprescindible, apartado de "Normativa de acentuación").
- Finales fónicos de T, D, Z y sus plurales (Se puede consultar el Anexo "Normativa ortográfica imprescindible", apartado sexto de "Siete normas amplias y seguras").

capaz	abierto/a	siguiente	reloj	vosotros
empieza	adivinanza	favorito/a	último/a	vuestro/a
íbamos	agua	extranjero	está	camping
manguera	boca	examen	están	campo

tío/tía	bocadillo	sabio/a	etc.	campesino/a
abuelo/a	lenguaje	orilla	horrible	aire
hijo/a	gimnasia	conmigo	nuevo	viento
vecino/a	historia	cueva	joven	balcón
beso	inglés	hojas	queso	barriga
habitación	matemáticas	ojos	vestido	bebida

5. CUARTO DE PRIMARIA (APROXIMADAMENTE)

5.1. 1er trimestre

- N° palabras Vocabulario Básico: 50 (Total acumulado: 200).
- Verbo haber Pret. Imperf. en -aba. (Se puede consultar el Anexo "Normativa ortográfica imprescindible", apartado segundo de "Siete normas amplias y seguras").
- Palabras derivadas de la misma familia que se escriben con las mismas letras (ventana, ventanal, ventanilla...).

digestión	bala	gamberro/a	almohada	antibiótico
polvorón	bolsillo	sinvergüenza	bomba	bizco/a
uva	débil	álbum	bombero	bienvenido/a
vino	venía	paraguas	globo	calcetín
albaricoque	adhesivo/a	payaso/a	experimento	cerilla
albóndiga	submarino	revista	hambre	hada
hamburguesa	cohete	monstruo	herida	hacha
buñuelo	vehículo	llave	lava	herramienta
helado	helicóptero	basura	travieso/a	rabo
desayuno	portaaviones	bahía	atrevido/a	vendedor

5.2. 2° trimestre

- N° palabras Vocabulario Básico: 50 (Total acumulado: 250).
- Hue/Hie (Se puede consultar el Anexo "Normativa ortográfica imprescindible", apartado séptimo de "Siete normas amplias y seguras").
- Partición de las palabras según las sílabas.
- Partición de las palabras con diptongo.

hiedra	claxon	biznieto	árbitro	religión
hielo	interruptor	estación	asamblea	salvaje
hierba	luz	novato/a	chaval/a	veneno
hierro	febrero	pez/peces	costumbre	ventilador
hueco	abril	pollo	garaje	aventura

huelga	mayo	revoltoso	personaje	embajador
huerto	septiembre	túnel	paje	habilidad
hueso	octubre	variedad	geografía	horno
huésped	noviembre	desagüe	hidroavión	hospital
huérfano	diciembre	alambre	libertad	barranco

5.3. 3er trimestre

- Nª palabras Vocabulario Básico: 100 (Total acumulado: 350).
- Hecho/echo (Se puede consultar el Anexo "Normativa ortográfica imprescindible", apartado de "Palabras de sonido semejante y distinta escritura").
- Porque/por qué (Se puede consultar el Anexo "Normativa ortográfica imprescindible", apartado de "Palabras de sonido semejante y distinta escritura").
- Eh/he/e / (Se puede consultar el Anexo "Normativa ortográfica imprescindible", apartado de "Palabras de sonido semejante y distinta escritura").
- Ah/ha/a (Se puede consultar el Anexo "Normativa ortográfica imprescindible", apartado de "Palabras de sonido semejante y distinta escritura").

aburrir	conjugación de	jugar	buscar	navegar
ayudar	todo el verbo	limpiar	construir**	observar
bajar	"ir"*	llegar	creer**	salvar
beber		llevar	devolver	subrayar
ver		divertir	lavar	vivir
venir		ahogar	llover	volar
subir		ahorrar	mover	volver
servir		besar	explorar	aceptar
seguir		dividir	explotar	explicar
recoger		equivocar	helar	mover

* La dificultad del verbo ir es tan grande que él sólo justifica una serie.
** Hay que vigilar los verbos con dificultades ortográficas ocultas, como la "y" que aparece en construyeron, creyeron...

pavo	zambomba	bricolaje	variante	extraña
horchata	vivienda	cacería	valiente	extremo
arroyo	ventana	coz	valor	haba
auxilio	sin embargo	equipaje	nariz	hortalizas
bellota	sobre todo	excepción	mujer	¡oh!
cicatriz	reportaje	excepto	lejía	boquerón

deshabitado	página	general	obvio	almuerzo
embarazo	sexto	generación	obtuso	harto
envidia	séptimo	higiene	paje	hambriento
virtud	octavo	lección	víveres	nuez

6. QUINTO DE PRIMARIA (APROXIMADAMENTE)

6.1. 1er trimestre

- Nº palabras Vocabulario Básico: 100 (Total acumulado: 450).
- Sílabas tónicas y átonas (Se puede consultar en el Anexo "Normativa ortográfica imprescindible", el apartado "Normativa de la acentuación").
- Diptongos y triptongos (Se puede consultar en el Anexo "Normativa ortográfica imprescindible", el apartado "Normativa de la acentuación").
- Acentuación de agudas, llanas y esdrújulas (Se puede consultar en el Anexo "Normativa ortográfica imprescindible", el apartado "Normativa de la acentuación").

hacer*	acostumbrar	mover	apoyar	sobrevolar
deshacer*	avanzar	prohibir	averiguar	vaciar
echar*	barrer	proteger	divisar	subrayar
almorzar	brotar	resbalar	embarcar	tumbar
guisar	convivir	salvar	exhibir	generalizar
oler**	desembocar	visitar	existir	generar
romper	elegir	cazar	hartar	expulsar
seguir	envenenar	habitar	nombrar	desviar
valer	gemir	prevenir	oír**	avisar
absorber	hinchar	alumbrar	olvidar	caer **

*Estos tres verbos deben estudiarse juntos, haciendo hincapié en la diferencia de significados.
** Hay que vigilar los verbos con dificultades ortográficas ocultas, como la "h que aparece en huele.... la "y" en oye..., la "y" en cayó...

abono	asignatura	viaje/viajero	asfixia	zapatilla
carnívoro	ballet	voluntad	asombro	vuelta
garbanzo	crueldad	boleto	callar	bandeja
gaviota	esclavo	bolso	contagio	baloncesto
halcón	geógrafo	enhorabuena	cruz/cruces	balonmano
hocico	geología	emboscada	de acuerdo	empujar

siembra	geólogo	disfraz	género	esclavitud
vegetación	linaje	cojín	genio	escayola
yegua	homenaje	contrabando	psiquiatra	encaje
lombriz/ces	peaje	bricolaje	psicólogo	pasajero

6.2. 2º trimestre

- Nº palabras Vocabulario Básico: 100 (Total acumulado: 550).
- Acentuación de agudas, llanas y de esdrújulas (repaso) (Se puede consultar el Anexo "Normativa ortográfica imprescindible", apartado "Normativa de la acentuación").
- Tilde en: qué, cuál, quién, dónde, cuándo, cuánto, adónde.
- Tilde en adverbios acabados en "mente".

varios	hoguera	aprobar	abrazar	millón
varón	pared	aprovechar	borrico	mayoría
cebada	humedad	atracción	boxeo	obligación
cascabel	majestad	ensayar	breve	obstáculo
submarino	provecho	genial	divisar	orfanato
subnormal	próximo	geometría	ejercicio	huérfano
servilleta	rodilla	laboratorio	evaporar	sábado
sencillo	rollo	silbar	exquisito	saber
inofensivo	tuyo/suyo	símbolo	horizonte	salud
inconveniente	abdomen	vagón	invitar	significar
tribu	gobierno	obtener	convenir	evitar
subterráneo	grave	población	convento	excavar
surgir	hembra	rabia	derivado	vender
vela	hermoso	vacuna	enriquecer	vicio
velocidad	hervido	vagabundo	gemelo	zigzag
abrigo	lavadora	derrumbar	extender	vigilante
absoluto	atmósfera	bañera	extraer	vida
aproximadamente	orgullo	bandada	maldad	abrir
generoso/a	ovario	atrever	pared	ahuyentar
hondo/a	pelaje	convencer	envasar	botiquín

6.3. 3er trimestre

- Nº palabras Vocabulario Básico: 100 (Total acumulado: 650).
- Verbo haber.
- Tilde en sí, tú, mí, él. (Se puede consultar el Anexo "Normativa ortográfica imprescindible", apartado "Los acentos diacríticos").

ataúd	magdalena	zumbido	paisaje	agresivo
ajedrez	observar	verbena	país	ahorro
adivinar	suave	temblar	pájaros	abundancia
coleccionista	sombrío	remover	pararrayos	ballena
coleccionar	urbano	polvoriento	provincia	bofetada
harina	urbanización	pólvora	jabalí	bolos
hierro	váter/wáter	polvo	nativo	vestir
higo	yate	novedad	huracán	provecho
humo	yogur	lluvia	hundir	lavabo
útil	césped	yema	avestruz	levadizo
adversario	tímidamente	avellana	ilusión	clavar
abusar	inútilmente	aspaviento	hebilla	cortésmente
cabeza	revés	cómodamente	homogénea	débilmente
estúpidamente	relativo	congelador	avisar	difícilmente
fácilmente	carnicería	descubrir	desenrollar	herbívoro
fantásticamente	cautivos	desenvolver	abnegado	imagen
favor	cavar	hinchazón	ahogar	hierba
obstáculo	agobiar	invisible	avispero	asamblea
rabia	alfabeto	investigación	billete	volcán
rápidamente	asombroso	nativo	boca	tubería

7. SEXTO DE PRIMARIA (APROXIMADAMENTE)

7.1. 1er trimestre

- N° palabras Vocabulario Básico: 100 (Total acumulado: 750).
- Acentos diacríticos 1.
- Homófonos 1 (Se puede consultar el Anexo "Normativa ortográfica imprescindible", apartado "Palabras de sonido semejante y distinta escritura: homófonos").
- Repaso acentuación.

malhumor	gavilán	mellizo/a	curva	rizar
kilómetro/quil.	ciervo	labios	deshinchar	recibo
olivar	humano	olivos	imaginar	servir
orilla	aguijón	origen	imaginación	sombra
rayo	alivio	récord	prever	actor/actriz
prehistórico	accidente	revolotear	previsor	avanzar
película	cadáver	vaso	rebotar	cabo
tobogán	calavera	vomitar	tómbola	equivocación
clavel	útilmente	bizcocho	varias/os	hora
cobarde	viento	bicho	penumbra	horchata

activo	deshilar	varonil	avícola	rehabilitación
aguacero	fabuloso	invitado	buhardilla	inyectar
almíbar	gobernar	hindú	extranjeros	iceberg
hablador	habano	hípico	embalse	vándalo
azúcar	jilgueros	rehuir	alcohol/ismo	vanguardia
atravesar	malhablado	omnívoro	chivato/a	abatimiento
automóvil	malhechor	esquivar	cacahuete	alabanza
automovilista	malherir	bovino	hamburguesa	comitiva
desheredar	valle	algarrobo	quehacer	harapo
deshidratar	visillo	albornoz	visibilidad	hermético

7.2. 2º trimestre

- Nº palabras Vocabulario Básico: 100 (Total acumulado: 850).
- Acentos diacríticos 2.
- Homófonos 2.
- Repaso acentuación.

abanderado/a	ovación	embarazo	axila	trascendental
abalanzarse	audiovisual	mahonesa/ mayonesa	bravo bozal	tranvía jabalina
voltaje	auditivo/a	huraño		
visón	desvalido	hurgar	espolvorear	extinguir
objetivo	embalsamar	suburbano	espabilar	extraviado
ibérico	eslabón	vals	embargar	embalar
improvisar	exportar	subdesarrollados	envidia	cóncavo/a
inverosímil	hábitat	rebosar	heroína	cabizbajo/a
quirúrgico	civilizar	tragín/traginar	herencia	alfabetizar
óvalo	comprobar	avaricia	vislumbrar	destructivo/a
alhaja	abismo	analgésico	ámbito	inhalar
desvergonzado/a	baúl	azahar	abrevadero	hipoteca
hazmerreír	concebir	adverso	abolir	novatada
hipócrita	emborrachar	evaporar	caníbal	bacteria
polideportivo	estabilidad	estalactita	calva/o	adoptivo/a
patinaje	flexible	estalagmita	cadavérico	desvanecerse
pabellones	frívolo/a	hecatombe	rehusar	embrague
travesura	gabán	favorable	vehemente	embotellamiento
vegetariano/a	hipnotizar	hastío	vertebral	evidente
volumen	desván	ambiguo/a	vulgar	conmovedor/a

7.3. 3er trimestre

- N° palabras Vocabulario Básico: 150 (Total acumulado: 1.000).
- Abreviaciones usuales.
- Siglas más usuales.

banderilla	ventrílocuo	desvalijar	labor	abreviatura
constructivo	venado	hebra	laborioso	abrupto
embestir	tribunal	hebreo	moribundo	cerveza
cápsula	reventar	histérico	pelaje	efervescente
carabela	malhumorado	inconcebible	rugido	devaneos
convaleciente	mandíbula	inconveniencia	ruin	exento/a
flexible	incoherencia	incubadora	universo	herejía
desvelar	hojalata	jinete	urgente	obispo
contabilidad	ambiente	jorobar	vacante	novelesco
	bíblico/a	margen	yacer	subalterno/a
saliva	cascarrabias	vaho	caverna	vacilante
severo	conversar	hoyo	boñiga	violación
vídeo	ahogo	hollín	bombín	llamativo
vigilante	abuchear	mahometano	bóveda	noviazgo
convencer	blasfemia	inhumano	hojarasca	nutritivo/a
diluvio	archivo	inteligencia	levadura	psicópata
energía	caviar	inhóspito	obesidad	viceversa
enmohecer	desvirtuada/o	ahuecar	provocar	lavavajillas
anfibio/a	garbo	evocar	proyecto	enjabonar
antibiótico	precavido/a	ebanista	progresivo	exaltar
advertencia	virgen	garabatear	envidiar	deshonrar
ahondar	valedero	hemisferio	explicitar	deshielo
anteayer	servicio	hechicero	prohibitivo	deshojar
desahogar	invernadero	valioso	prohombre	contingente
desembarcar	bienhechor	ligero	sinsabor	cobijo/a
cavilar	ahumar	invencible	jarabe	cobertor
convalidar	atrever	hospedado	esfinge	botonadura
exhausto/a	embrollo	homenaje	elíptico	branquias
hendidura	envergadura	hemorragia	ébano	aventar
evolución	gabinete	flexionar	deshilado	anhelo

CAPÍTULO XII
PROPUESTA DE ACTUACIÓN PARA ALUMNOS DE SECUNDARIA

Muchos alumnos de secundaria que tienen verdadero interés en mejorar su ortografía se sienten terriblemente angustiados cuando se percatan de la inmensa dificultad de superar su problema ortográfico. A menudo lo viven, no sin fundamento, como un obstáculo insuperable que amenaza su futuro académico y profesional.

Sin embargo, estos estudiantes que ponen auténtico interés en mejorar pueden conseguirlo espectacularmente en un plazo muy breve si su estrategia, sea cual fuere, cambie a estrategia visual. Vamos a hacer una propuesta de "actuación", no de programación, que intenta responder a la pregunta: **¿Qué hacer con un alumno de secundaria que todavía hace faltas de ortografía y tiene interés en mejorar?**

En estos casos, es corriente que el profesor, tan angustiado como los mismos alumnos, proponga un repaso de la normativa ya estudiada en Primaria. Generalmente, profesor y alumnos constatan que se conoce muy bien la normativa, sin embargo, no escriben correctamente.

La respuesta adecuada va por otro camino: abordar previamente la estrategia mental idónea para tener una buena ortografía. ¿Cómo hacerlo?:

1°. El profesor puede ayudar mucho al alumno enseñándole la estrategia ortográfica explicada en los capítulos VII y VIII.

2°. Debe animarle a organizar su propia "caja" individual de vocabulario de la que se habla en el capítulo IX.

3°. Puede ofrecerle una copia de la normativa básica imprescindible.

4°. Puede facilitarle una copia de los vocabularios básicos para que los estudie por su cuenta (Capítulo XI).

5°. Ha de comprobar que el alumno posee suficientes recursos para integrar dicho vocabulario (Capítulo IX).

CUARTA PARTE
ANEXOS

NORMATIVA ORTOGRÁFICA IMPRESCINDIBLE

En castellano, hay censadas alrededor de 600 normas de ortografía. Sin embargo, son pocas las realmente rentables, es decir, aquellas que incluyen gran número de vocablos con pocas excepciones.

En este capítulo intentamos sintetizarlas, excluyendo la normativa de las mayúsculas por su simplicidad. Tampoco trataremos la normativa de los signos de puntuación ya que su conocimiento y tratamiento precisan una estrategia distinta a la visual que aquí proponemos.

En concreto hablaremos de:
- **La tilde.**
- **Palabras con acento diacrítico.**
- **Palabras homófonas.**
- **Siete normas amplias y sin excepciones.**

A continuación exponemos de la forma que nos ha parecido más sencilla y útil en la práctica del aula, estos conceptos. Aunque puede profundizarse en ellos, éste es el material que hemos usado en primaria, ya que recoge un nivel de conocimientos mínimos pero suficientes. Por esta razón están redactados en un lenguaje sencillo y directo adecuado a los alumnos.

Por supuesto, cada profesor tenemos nuestras preferencias a la hora de formular la normativa imprescindible, pero esta propuesta puede servir de base y ser de utilidad para elaborar nuestro propio material.

1. NORMATIVA DE LA ACENTUACIÓN

Para colocar bien las tildes, se debe saber previamente:
1. Qué es una sílaba.
2. Diptongos.
3. Triptongos.
4. Hiatos.
5. Sílaba tónica.

1.1. Qué es una sílaba

Pronuncia esta palabra: electrodoméstico.
Vuélvela a pronunciar muy despacio.
Seguro que la has dicho así:
e/lec/tro/do/més/ti/co.

Cada una de las partes que has pronunciado con un solo golpe de voz, es una sílaba.

Fíjate que en todas hay una vocal. Sin vocal, no hay sílaba pero sí puede haberla sin consonante.

1.2. Y un diptongo, ¿qué es?

A veces, dos vocales pueden estar en una sola sílaba: forman un diptongo (ai/re, mie/do...).

Los diptongos se forman con una vocal fuerte (a, e, o) y una débil (i, u) o dos débiles.

Si lleva una tilde hay que situarla sobre la vocal fuerte. Ejemplo: Archipiélago.

Si son dos débiles, la tilde irá sobre la última. Ejemplo: cuídate.

1.3. ¿Y un triptongo?

Es la unión de tres vocales en una sílaba. La primera y la tercera son débiles y la segunda es fuerte, o sea, una fuerte flanqueada por dos débiles (rabiáis, acariciáis...).

Los encontrarás generalmente en unos pocos verbos.

1.4. ¿Qué es un hiato?

Dos vocales que se escriben juntas pero pertenecen a sílabas distintas (a/é/re/o, ca/er...).

1.5. ¿Qué quiere decir sílaba tónica?

Cada palabra tiene una sola sílaba que se pronuncia con mayor intensidad que las otras. Esa es la sílaba tónica.
e/lec/tro/do/**més**/ti/co.. a/**pren**/der.
Si una sílaba lleva tilde, no hay duda: es la tónica.

1.6. ¿Cuándo se coloca tilde?

La mayoría de las palabras se acentúan gráficamente según las siguientes normas:

A) Cuando la sílaba tónica es la tercera empezando por el final llevan tilde... ¡**siempre**! Son las palabras esdrújulas. Ejemplo: es-drú-ju-las

B) Cuando la sílaba tónica es la primera empezando por el final se acentúa solamente si termina en vocal, o en vocal más ene o ese. Son las palabras agudas. Ejemplo: a-vión.

C) Cuando la sílaba tónica es la segunda empezando por el final, decimos que es una palabra llana. Solamente pondremos tilde si NO termina en vocal, vocal más ese o ene. Es como si llevasen la contraria a las agudas. Ejemplo: lá-piz.

También llevan acento si acaban en dos vocales, la primera de ellas es una débil (i,u) y la débil es la tónica. Ejemplo: Or-to-gra-fí-a.

Sucede lo mismo si es un triptongo y la primera vocal de las tres (i,u) es la tónica. Ejemplo: co-rrí-ais.

D) Si la sílaba tónica es la cuarta empezando por el final, cosa poco frecuente, se acentúa siempre. Son las sobresdrújulas. Ejemplo: Dí-ga-me-lo.

E) Si una palabra lleva acento, continuará llevándolo al añadirle "mente". Ejemplo: ágil-ágilmente.

1.7. Los acentos diacríticos

Algunas palabras pueden escribirse con o sin tilde, depende del significado. Fíjate en las parejas de la lista que viene a continuación:

111

el (artículo)　　　　　　　él (pronombre)
El niño lo miró a él.
de (preposición)　　　　　　dé (dar)
Dé esto de propina.
te (pronombre)　　　　　　té (infusión)
¿Te tomas el té con azúcar o miel?
tu (adjetivo)　　　　　　　tú (pronombre)
Tú recitarás tu poema.
se (pronombre)　　　　　　sé (verbo)
Sé que se va.
mi (adjetivo)　　　　　　　mí (pronombre)
Mi vida depende de mí.
si (conjunción o nota musical)　sí (pronombre o afirmación)
Si no lo consigo -se dijo para sí- sí que estaré arruinado.
mas (pero)　　　　　　　　más (cantidad)
Quiero más dinero, mas no puedo obtenerlo.
solo (soledad)　　　　　　　sólo (solamente)
Sólo estaré solo este fin de semana.
Aun (inclusive, hasta, también)　aún (todavía)
Aun mi niño de tres años lo sabe. Aún tienes tiempo.

1.8. La tilde en exclamaciones e interrogaciones

Las siguientes palabras llevan tilde solamente si tienen un significado interrogativo o exclamativo:
　¿**qué** quieres?
　¿**cuál** es el tuyo?
　Dime **quién** te lo dijo.
　¡**Cuánto** trabajo!
　¿Sabes **cuándo** volverá?
　¿**Dónde** estás?
　¡**Adónde** iremos a parar!
　¿**Por qué** vienes?

2. SIETE NORMAS AMPLIAS Y SEGURAS

1) Se escribe be, si le sigue cualquier consonante. Ej.: blanco, obvio, bravo, obstruir, brazo, abjurar..

2) Se escribe be, si es un verbo en pasado terminado en aba, abas, ábais, aban, ábamos. Ej.: cantaba, bailaban, fastidiaban, regaba...

3) Antes de p se escribe m (nunca n). Antes de b se escribe m (nunca n).* Ejemplo: campo, tiempo, amplio, amputar, cambio, rombo, ámbito...

4) Sólo se escribe rr si suena fuerte y va entre vocales. Ejemplo: carro, carretera, perro, terreno, turrón...

5) Se escriben con ll todas las palabras acabadas en illo-illa-illos-illas. Ejemplo: tortilla, papilla, monaguillo, listillo, mesilla...

6) Para saber si una palabra termina en z o en d, busca su plural y aparecerá la letra. Ejemplo: pez-peces, red-redes, coz-coces, pared-paredes.

7) Empiezan por h todas las palabras que empiezan por hie o por hue. ** Ejemplo: hiena, hiedra, huevo, huele, huerto, hielo, hierro...

* Evidentemente antes tendrás que estar seguro de que es b y no v.
** Aunque es clara y segura no sirve para más de 15 palabras de vocabulario básico

3. PALABRAS DE SONIDO SEMEJANTE Y DISTINTA ESCRITURA: HOMÓFONOS

A (preposición)   Ha (verbo)
Ve a por leche.   Ha venido en taxi.
Abría (abrir)   Habría (haber)
No me abría la puerta.   Habría que decir la verdad.
Aprender (conocimientos)   Aprehender (coger)
Me gusta aprender geografía.   El ladrón fue aprehendido.
Aré (arar)   Haré (hacer)
Aré todo el campo.   Haré vacaciones.
Arrollo (arrollar)   Arroyo (riachuelo)
O te apartas, o te arrollo.   Merendaron junto al arroyo.
As (naipe)   Has (hacer)
Tenía una as en la manga.   Has de dormir más.
Asta (cuerno)   Hasta (preposición)
El toro tiene astas.   No paró hasta hacerle callar.
Azar (suerte)   Azahar (flor)
Por azar te encontré, delicada flor de azahar.

Bacilo (microbio)
Es más feo que un bacilo.
Barón (noble)
El Barón Rojo no iba de azul.
Baso (de basar)
Me baso en la verdad.
Bello (hermoso)
Has tenido un gesto muy bello.
Bienes (posesiones)
Es poseedor de innumerables bienes.
Bota (calzado)
Esta bota me aprieta.
Botar (la pelota)
Vi botar el esférico.

Bote (barco)
Saca el bote salvavidas.
Calló (silencio)
No se calló hasta el final.
Desecho (desperdicio)
Este nudo está deshecho.

¡Eh! (interjección)
¡Eh, usted, venga aquí!
Echo (tirar)
Echo los papeles al cesto.
Errar (equivocar)
Errar es humano.
Callado (en silencio)
Estuvo callado todo el tiempo.

Vacilo (dudar)
Vaciló antes de responder.
Varón (hombre)
El primer hijo fue varón.
Vaso (recipiente)
Tómate un vaso de agua.
Vello (pelo)
Tiene mucho vello.
Vienes (venir)
Vamos a la playa, ¿vienes?

Vota (votar)
Vota al mejor.
Votar (elecciones)
Ya es tiempo de votar presidente de escalera.
Vote (votar)
No vote, absténgase.
Cayó (caer)
Cayó por la escalera.
Deshecho (deshacer)
Pasará un camión a recoger los desechos.

He (hacer)
He comido patatas fritas.
Hecho (hacer)
Hemos hecho un buen negocio
Herrar (poner herraduras)
Ve a herrar el caballo.
Cayado (bastón)
Andaba apoyándose en su cayado.

ANEXO 1

He aquí un ejemplo de figuras que pueden usarse para enseñar la ortografía visual en grupo.

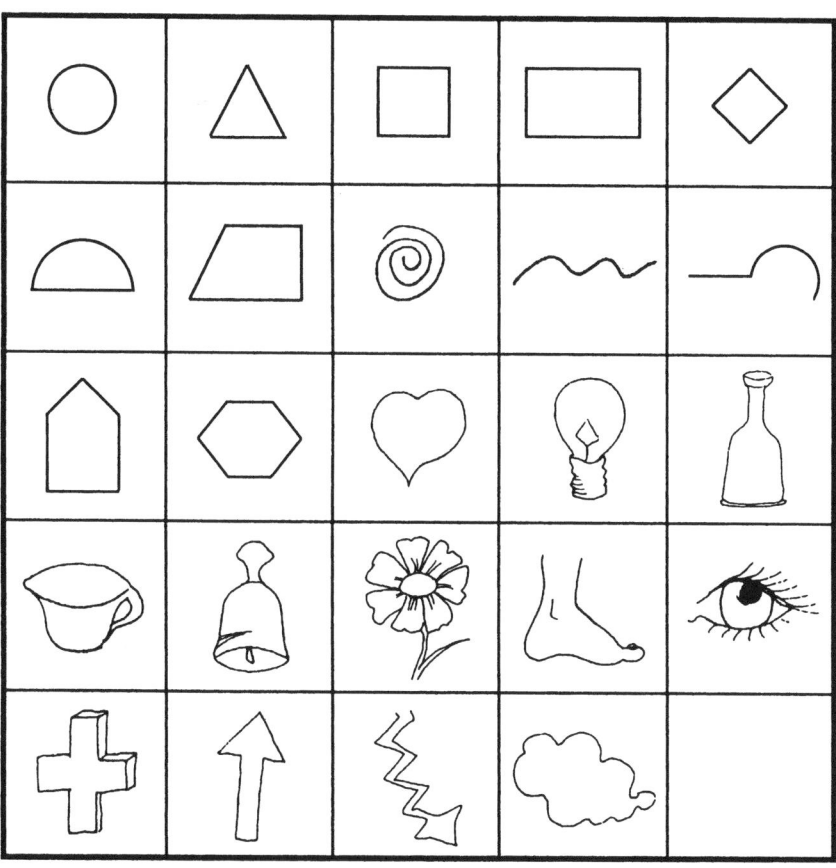

ANEXO 2

Ejemplos de preguntas sobre figuras del anexo anterior.

- **Ejemplo de preguntas sobre el color**:
  ¿De qué color es la primera figura?
  ¿De qué color es la última figura?
  ¿De que color es la ... figura?
  ¿De qué color es la primera figura empezando por el final?
  ¿De qué color es la tercera figura empezando por el final?
  ¿De que color es la ... figura empezando por el final?
  Dime los tres últimos colores.
  Dime los colores por orden.
  Qué color hay entre el cuadrado y el triángulo.
- **Ejemplos de preguntas sobre la forma y situación**:
  ¿Cuál es la primera figura?
  ¿Cuál es la última figura?
  ¿Cuál es la ... figura?
  ¿Qué figura es la segunda empezando por el final?
  La tercera figura empezando por el final, ¿cuál es?
  ¿Cuál es la ... figura empezando por el final?
  Dime las tres últimas figuras.
  Dime las figuras por orden.
  ¿Qué figura hay entre el cuadrado y el triángulo?

ANEXO 3

Ejemplo de registro de resultados del apartado "mejorando la memoria visual" del capítulo VII.

Ficha de control de: María
Persona que pregunta: Luis
Nº de figuras:
x = acierto
o = error

　　　　　Cada ronda es de cuatro preguntas

	1ª Ronda	2ª Ronda	3ª Ronda	4ª Ronda
1ª Pregunta				
2ª Pregunta				
3ª Pregunta				
4ª Pregunta				

ANEXO 4

Recortables de las palabras del apartado "como aplicar la memoria visual a la ortografía" del capítulo XII.

SÍ	YA	NO	DO	PE
DOS	SAL	VER	HAZ	VEZ
BIEN	BALA	FRÍO	HORA	POLO
CUEVA	DÉBIL	HACER	HUEVO	LAVAR

ANEXO 5

Ejemplificación de preguntas del apartado "como aplicar la memoria visual a la ortografía" con respecto al anexo de palabras anterior.

- **Respecto al color**:
    ¿De qué color es la letra /a/?
    ¿Cuál es la letra de color amarillo?
    ¿De color es la letra junto a la verde?
    etc.
- **Respecto a la posición**:
    ¿Que letra es la tercera empezando por el final?
    ¿Qué letra es la segunda?
    ¿Puedes deletrear la palabra empezando por el final?
    etc.
- Respecto a las letras con posible dificultad:
    ¿Se escribe con /v/ o con /b/?
    ¿Qué letras difíciles tiene?
    ¿Qué letra sigue a la /r/?
    etc.

Hay que recordar que "deletrea la palabra empezando por el final" es una pregunta obligada.

ANEXO 6

Pautas de extensión del texto a estudiar para preparar el dictado de palabras del apartado "cómo vincular la cinestesia a la memoria visual" del capítulo VII.

Las cifras que figuran en el gráfico son meramente orientativas y se refieren al número de líneas. Recomendamos utilizar libros de lectura adecuados a la edad, que acostumbran a tener entre ocho y once palabras por línea.

	Tercer curso	Cuarto Curso	Quinto curso	Sexto curso
Nivel bajo	6	9	12	15
Nivel medio	9	12	15	18
Nivel alto	12	15	18	21

ANEXO 7

Lista de preguntas para descubrir la posición en que sitúa la persona los ojos para recordar visualmente.

1. ¿De qué color es la puerta de tu casa?
2. ¿En qué sentido van las rallas de la piel de un tigre?
3. ¿Cuál de tus amigos tiene el cabello más largo?
4. ¿Cuántas puntas tiene una estrella de mar?
5. Un autobús articulado, ¿cuántas ruedas tiene?
6. Di, por orden, los colores del arco iris.
7. Cuando sales a la calle, de dónde vienen los coches?
8. ¿En qué lado del cuerpo tienes más pecas?
9. Di el nombre de 2 pueblos situados al noroeste de ...
10. Si das un giro de 90° al mapa de ... ¿dónde queda situado el Este?
11. ¿Qué guardáis en casa en el estante más alto de la cocina?
12. ¿Cuáles son los colores de una jirafa?
13. ¿Cuántos escalones debes subir antes de llegar a tu clase?
14. ¿Cuántas plantas tiene el edificio de enfrente de tu casa?
15. ¿Cuántas ventanas hay en tu casa?
16. ¿Qué es lo primero que has visto esta mañana al despertar?
17. ¿De qué color era la primera ... (bicicleta, cartera...) que tuviste?
18. ¿Cuántas ventanas hay en la fachada de tu casa?
19. ¿De qué color era el jersey que llevabas anteayer por la mañana?
20. ¿Qué brazo tiene levantado la estatua de la Libertad?
21. ¿Cuántas tiendas hay en tu calle?

ANEXO 8

Lista orientativa de palabras para la instalación de la estrategia ortográfica individual.
- De dos letras:
  No
  Do
  Ya
  Yo
  Pe
- De tres letras:
  Dos
  Sal
  Ver
  Col
  Mal
  Uno
  Haz
  Vez
  Paz
  Por
- De cuatro letras:
  Bien
  Cabo
  Juez
  Sube
  Bala
  Vaca
  Frío
  Polo
  Hora

- De cinco letras:
  Ruego
  Cueva
  Débil
  Hacer
  Hojas
  Sabio
  Huevo
  Cerdo
  Lavar
  Primo

BIBLIOGRAFÍA BÁSICA RECOMENDADA

Barberá, Vicente (1988): *Cómo enseñar la ortografía a partir del vocabulario básico*. Barcelona: Ediciones Ceac.

Bernard, F. y Cleveland, Ph.D. (1987): *Master Teaching Techniques*. New York: The Connecting Link Press.

Camps, Anna; Milian, Marta; Bigas, Montserrat y Camps, Montserrat (1989): *L'ensenyament de l'ortografia*. Col.lecció El Llapis. Barcelona: Graó.

Connirae Andreas, Ph.D. i Steve Andreas, M.A. (1991): *Corazón de la mente*. Santiago de Chile: Cuatro Vientos Editorial.

De la Garanderie, Antoine (1990): *Pedagogia dels mitjans d'aprendre*. Barcelona: Barcanova.

De la Garanderie, Antoine (1990): *Comprendre i imaginar*. Barcelona: Barcanova.

Edwards, Betty (1994): *Aprender a dibujar con el lado derecho del cerebro*. Barcelona: Urano.

Esteve, Mª Jesús y Jiménez, Jaime M. (1988): *La disortografía en el aula*. Alicante: Disgrafos.

Galí, Alexandre (1971): *L'ensenyament de l'ortografia als infants*. Col.lecció Popular Barcino. Barcelona: Barcino.

Lloyd, Linda (1982): *Classroom Magic*. Oregon, USA: Metamorphous Press.

Lorenzo Delgado, M. (1980): *El Vocabulario y la ortografía de nuestros alumnos*. Madrid: Cincel-Kapelusz.

Mesanza López, Jesús (1987): *Didáctica actualizada de la Ortografía*. Madrid: Santillana - Aula XXI.

Mesanza López, Jesús (1990): *Palabras que peor escriben los alumnos.* Madrid: Escuela Española, S.A.

Parera Parramón, Joan (1989): Qüestions obertes en didàctica de la Llengua. En M.P.Battaner i Teresa Marbà (Eds.). Barcelona: Universitat Barcelona.

VerLee Williams, Linda (1986): *Aprender con todo el cerebro.* Barcelona: Martínez Roca.

EN CONTACTO CON LOS AUTORES

Los autores continúan investigando las aplicaciones de la PNL en la educación, elaborando materiales tanto para maestros como para ser usados directamente por los alumnos:
- Cuadernos ortográficos para los alumnos de primaria
- Cuadernos ortográficos para alumnos de secundaria
- Vídeos demostrativos de cómo enseñar la estrategia ortográfica de forma individual y colectiva.
- Escritura creativa y PNL.
- Tablas de multiplicar en fácil.
- Aprendizaje de matemáticas y PNL.
- Etc.

Si desea estar informado de estas investigaciones, o desea solicitar a los autores algún curso o participación, puede ponerse en contacto con el editor o a la dirección siguiente:

      Daniel Gabarró y Conchita Puigarnau
      C/ Siglo XX, 20, 1° 1ª
      08041 Barcelona

Otros títulos de la misma colección:

Desarrollo infantil y educación física.
Juan Antonio Zarco Resa.
1992; 120 págs.

Yo juego, ¿y tú? Método de lectoescritura para niños con dificultades de aprendizaje.
Josefa Campos Romero.
1993; 144 págs.

P.E.L.O. [E.I.]. Programa de estimulación del lenguaje oral en Educación Infantil.
Vicent Rosell Clari.
1993; 168 págs.

Juegos de animación en Educación Infantil y Primaria.
Rafael Pulet Carrasco.
1995; 128 págs.

Teatro y dramatización. Didáctica de la creación coletiva.
Carmen Carballo Basadre.
1995; 108 págs.